思わず使ってみたくなる

知られざることわざ

時田《ときた》昌瑞《まさみず》
◉ことわざ研究家

大修館書店

はじめに

クイズから始めましょう。

「餡汁《あんじる》より団子汁」ってなぁーんだ？

団子の汁の方がお汁粉より美味いってことでーす！

残念でした。惜しいけど×に近い△です。字面上の表側の意味は、餡汁は心配するという意味で同音の「案じる」に掛けられ、さらに、これを踏まえて、団子汁の方がよいといっているものです。内側の意味は、くよくよ心配してもなるようにしかならないのだから、美味い物でも食べてゆったりしていなよ、ということになります。どうです。奥が深いでしょ。でも、これはれっきとしたことわざですし、しかも最も技巧に富んだ〈ことわざの優れもの〉なのです。

日本には五万も六万もことわざがあります。その上、古い文献から新しく見出されるものもありますし、外国からも入ってくる上、現在新たに作り出されるものもありますので、その全容はだれにもわかりません。いま、世間に出回っていることわざは多くみても三千程度。そのうち常用されているのは八百くらいと推測されますので、残りの大多数は大きな辞典でしか見られないのです。もちろん、辞典にないものもあります。

多くの人々のことわざに対するイメージは、この八百ほどがもとになっているとみています。そうしたことわざに対しては、ためになる、面白い、うまいこと言う、などと肯定的に見るものもあれば、否定的なものもあります。否定的な見方の一つが、常套文句だとか、決まり文句でつまらないとするものです。たしかに、いくら奇抜でユニークなことわざでも、長いこと過度に使われれば、手垢にまみれ、陳腐化してしまいます。

ことわざの歴史を見渡せば、「塵も積もれば山となる」のような昔から長く使われているのもあれば、「亭主元気で留守がいい」のように新たに生まれたもの、「目からウロコ」のように外国から入ってきたものなどが交じり合いながら、生成・流転してきています。それ故に、この中に手垢にまみれていない語句が、それこそごまんとあるのです。

本書は、そのごまんとあることわざの中から、選りすぐりのものだけで作りました。選んだ基準は、「冗談とフンドシはまたにしろ」といった言い回しの面白さを第一に、第二に「握れば拳、開けば手の平」のような軽妙で生活に役立つ思想性をもつことわざを、そして第三に、「一年の兵乱は三年の飢饉に劣る」のような強いメッセージを持つものを選定しました。たった二百にも満たないものですが、新鮮なことわざと出会い、おしゃれなことわざとして使い楽しんでもらえれば、ことわざ達も本望だと思うのです。

私は本書での自分の立場を、少し気取って、〈ことわざの伝達使〉としました。伝道師との呼び名も考えましたが、宗教臭い感じと、どこかおこがましいとの思いから伝達使としたのです。命名の根拠は、広大無辺なことわざの海から、ことわざの優れものを見つけ、新しい出会いを待つ人々に伝え、広めるのが役目だと考えたからです。

目次

一 生きるための教訓

二 日々のくらしと人生

46 内の鯛より隣の鰯
47 蟻と蟻にも礼儀あり
48 手を出したら負け
49 窮して後に工なり
50 河豚にも当たれば鯛にも当たる
51 松は千年竹は万年
52 身に勝る宝なし
53 新しい医者と新しい墓には行くな
54 起きて働く果報者
55 左は勝手右は得手
56 世の中の人の心は九分十分
58 月日も変われば気も変わる
59 骨は朽ちても名は朽ちぬ
60 穴より出て穴へ入る
61 倹約とケチは水仙とネギ
62 寺にも葬式
63 一度焼けた山は二度は焼けぬ
64 餡汁より団子汁
65 苦を知らぬ者は楽を知らぬ
66 悲しみの一時は楽しみの一日より長し

68 人の命は千金より重し
69 地獄極楽はこの世にあり
70 鯒の頭は姑の知らない肉がある
71 褐を被て玉を懐く
72 人貧しければ智短し
73 利口貧乏馬鹿の世持ち
74 歯亡びて舌存す
75 餅はゆがんでも大きいのがよい
76 遠くの火事より背中の灸
77 夏座敷とカレイは縁端がよい
78 学ぶ門には書来る
79 学に老若の別なし
80 酒は詩を釣る色を釣る
81 酒は先に友となり後で敵となる
82 猿の花見
83 酒蔵あれど餅蔵なし
84 左団扇に日酒を飲む

三 ビジネスと社会

四 家族・友人・人づきあい

五 風土・文化・歴史

163 月雪花に酒と三味線
164 雪中に炭を送る
165 民の口を防ぐは川を防ぐよりも甚だしい
166 一年の兵乱は三年の飢饉に劣る
168 大軍に関所なし
169 強き者戦いに勝つにあらず
170 金を奪う者は殺され国を奪う者は王になる
171 刀は抜かざるに利あり
172 火で火は消えぬ
174 釈迦に宗旨なし
175 仏に刻めば木も験あり
176 仏に方便聖人に権道
177 苦しければ鶉も木に登る
178 どこの鶏の声も同じ

六 さまざまなことわざ

180 青き眼鏡をかければ物みな青し
181 蒔絵の重箱に牛の糞盛る

182 蛸に骨なし海月に目なし
183 韮ニンニク握り屁
184 ドジョウの尾に蛇が食いつく
185 医者のいの字は命のいの字
186 紅炉上一点の雪
188 金があれば馬鹿でも檀那
189 話の名人は嘘の名人
190 貰う物なら元日にお弔い
191 庄屋の奥さんも言うてみにゃ判らぬ
192 鼻糞で行灯張る
193 井戸から火がでる
194 牛ほどな蚤
195 憚りながら葉ばかりだ
196 思案に如くはなし坊主にカカアなし
197 梨の木の下の昼寝
198 清正の雪隠でやりはなし
199 転べば糞の上
200 鍋とスッポン

一、生きるための教訓

「政宗《まさむね》も研がねば切れぬ」→*30*

明日《あす》と己《おのれ》くそが無ければ生きられぬ

【こんなときに】
・逆境の中で人生に立ち向かいたいときに

【関連】
・捨て子は世に出る
・疾風に勁草を知る

将来への希望と、なにくそ負けてたまるかとの負けじ魂が強い気持ちをつくるバネとしてなければ、人は生きてはいけないということ。己くそとは、『広辞苑』にもない語句で、「なにくそ」との負けん気のことだが、それだけでは説明として不十分。「己くそ」を文字通りに解釈すれば、自分のくそ、ということ。「くそ」の辞書での第一義的な意味は、いうまでもなく糞《くそ》。ほかに、人やものを罵《ののし》ったり、なにをと奮い立たせる時に出したりする声のことをいう。多分に、こじつけめくが、糞と同じように体内から体外へ放出される「声のくそ」として言い表されているのではあるまいか。そして、負けん気はどんなことにも負けまい、屈しまいとの強い気持ちを表すことばだが、自分を囲む外部のものごとにとどまらず、内面の問題にもしっかりと立ち向かう姿勢についてもいうものだ。

人が逆境にあって、それを乗り越えてゆくに大事なものは何か。もちろん、最低限の水や食べ物は必須だが、同じくらいに重視されねばならないのが、逆境に立ち向かう強い気持ちと、未来への明るい展望をもつことができるメンタル面だろう。いくら豊富な飲食物があっても、それだけでは生きてゆく糧《かて》とはならない。精神面での欠乏が深刻であれば生きていけなくなるからだ。世の中の自殺者の多くは、個人個人はみなそれぞれ理由もあるはずだろうが、生きる希望を失ったり、病などによって精神的ダメージを受けたりしたことが占める割合は、少なくないはずだ。

このことわざは、明治期前には見られず、明治後期の熊代彦太郎《くましろひこたろう》『俚諺辞典《りげんじてん》』等に掲載されていたものの、戦後は二、三の大辞典を除けば収録されていない馴染みの薄いことわざになっていた。何故、忘れ去られようとしているのか定かなことは分からないが、そんな理由を詮索したところでたいして意味はあるまい。それより、こんな素敵なことばが存在していたことに感謝し、周りの人々に広めながら、次の世代へしっかりと橋渡しをすることこそが大事だ。ことばが消えるということは、存在そのものが失われるということなのだ。

根を深くして蔕《ほぞ》を固くする

【こんなときに】
・基礎や基本の大切さを見つめ直したいとき

【関連】
・根を養えば枝葉茂り、源濁らざれば流れ清し
・木は本から

ものの根本をしっかり固め、手抜かりのないようにすることのたとえ。蔕は果物のへたの意であり、また、根元のこと。「蔕を固くする」とは基礎をしっかり固める意となる。植物は根が深く張ればそれだけしっかり大地に根付く。『老子』五十九章にある句で、日本でも十四世紀の軍記物『太平記』(二十)で用いられている古い言い回しだ。ものごとの根本とか土台とかいう場合、どうも動きまわる動物(文字通り動く物)ではなく、大地に根を張る不動のイメージがある植物が連想される。語句の上では植物だが、真意はいうまでもなく人間のこと。しっかりとした大地にしっかりと立ちたいものだ。「本傷《もといた》めば枝枯れ、根深ければ末厚《すえあつ》し」という言葉は、木が根の状態によって枯れたり繁ったりすることをいうもの。

茨《いばら》も花持つ

【こんなときに】
・逆境の中でも心にゆとりをもちたいとき
・つらい境遇にある人を励ましたいとき

【関連】
・苦は楽の種
・苦は楽しみの元
・楽にも苦あり

世間から敬遠されるものや、逆境にあっても明るく楽しいことはあるというたとえ。イバラはバラやカラタチなど、棘《とげ》のある低い木の総称。華やかな花を咲かせる普通に見かけるバラはイバラとは呼ばれない。それは、同じバラといっても野バラが相当する。野バラもカラタチも小さな可憐な白い花を咲かせる。さながら棘だらけの逆境の中に小さく清楚なたたずまいを連想させる。イバラがカラタチであるならば、北原白秋が作詞して日本の歌百選にもなった「からたちの花」の歌詞も思い浮かぶ。「からたちの花が咲いたよ　白い白い花が咲いたよ　からたちの棘は痛いよ　青い青い針の棘だよ（中略）からたちも秋は実るよ　まろいまろい金のたまだよ」青い棘、白い花、金の実と見事にことわざにかなっている。

櫓《ろ》櫂《かい》の立たぬ海もなし

【こんなときに】
・万事休す、お手上げだと思ったとき
・困難を乗り越えるための方策を探しているとき

【関連】方法のことわざ
・荒馬《あらうま》の轡《くつわ》は前から
・三味線も弾き方
・蹴《け》る馬も乗り手次第

どんなに困難なことでも、何かしらの手だてはあるものだとのたとえ。櫓《ろ》も櫂《かい》も船を動かす用具。櫂は船尾に取り付けて漕ぐもので、櫂は艪より短く水を掻《か》いて船を進める。「櫂は三年、櫓は三月」とのことわざもあるように、櫂は使い方が難しく習得に十倍もかかるとされる。それでも櫓や櫂があれば船は進められるから、広い海でも渡れるというもの。だが、それが無ければ図の「櫓櫂が無《の》うては船で渡れん」ことになってしまい、取るべき方法のないお手上げ状態の意となる。図は明治時代の上方系いろはカルタにある珍しい一種のもの。

上方系いろはカルタより「櫓櫂が無うては船で渡れん」

好きの道に辛労《しんろう》なし

【こんなときに】
・自分の好きな道、興味の持てる道を進んでほしいと思ったとき

【関連】好きのことわざ
・好きこそものの上手なれ
・好きは上手のはじまり
・我が好きを人に振る舞う（自分の好みを押し付ける）

好きでやっていることに苦労はないということ。苦労の一義的な意味は苦しみ疲れること。人はどんなことをやったとしても、長く続けてゆけば少々の辛い目にあうこともあるはず。しかし、それが、心底好きなものであれば、はた目からは苦労に見えても本人は苦労と思わない、というのがこのことわざ。例えば、冒険好きの人が極寒の地を旅することを想像してみよう。厳しい気象や雪原での種々の危険などが待ち受ける苛酷な旅だから、実際には、苦労のレベルを超えた苦難の連続の行路が想像される。でも、冒険が成功すれば乗り越えた苦難の大きさが、大きな歓びに転化し、達成感を味わうことができる。その感激の強さは体験した当人しか実感できないからだ。要は、自分のこれぞという好きな道を見つけ出すことだろう。

出船《でふね》に船頭待たず

【こんなときに】
・チャンスを逃したくないとき
・絶好の機会にもたもたしている人を促すとき

【関連】出船のことわざ
・入り船あれば出船あり
・出船によい風入り船に悪い
・出船千艘《そう》入り船千艘

チャンスはあれこれ考えたり、ためらったりして逃してはならないということ。帆船は帆に風を受けて航行するので、よい風があったら出航には好都合。なので、たとえ船頭がいなくても船を出せということ。「船は船頭に任せよ」ということわざがあるくらいなのに、本当にそんなことがあるだろうか。「糞舟にも船頭」ということわざもある。人糞を運搬するような舟にも携わる人がいるというものだ。こうした例を見る限り、船の航行に船頭は欠かせないはずだから、「出船に―」はことわざ特有の誇張とみるべきものだろう。逆にいえば、それぞれの折りに最も大事な事柄は最優先してかかれ、とでもなるだろうか。船の場合でなくても、我々の日常にも起こりそうな問題だ。江戸の三大辞書のひとつ『俚言集覧《りげんしゅうらん》』に収められている。

風見て帆《ほ》を使え

【こんなときに】
・時代状況をとらえて臨機応変な対応をすべきときに

【関連】
・得手に帆を揚げる
・順風に帆を揚げる

ものごとは柔軟にとらえ臨機応変に対処すべきとのたとえ。風力を利用して動力とする帆船に最も大事なのは、上手く風を利用すること。もちろん、真っ直ぐの追い風なら問題は少なく、せいぜい風の強弱を測って加減すれば済むだろう。しかし、実際には、目的地への真っ直ぐな順風など、そうはあるものではないはずだから、風向きとその強さをしっかり見て帆を張る必要があるだろう。こうした情況をしっかり観察した上で適切な方法をもって対処すべき事柄は、帆船に限らず世間には様々ある。ところが現実は、なかなかそうはいかない。むしろ逆で、マニュアルに従い、己で判断できないというのが実態。なお、このことわざの歴史は比較的古く、十五世紀にあり、西洋にも「風に応じて帆を張れ」と同じ発想のものがある。

愚痴《ぐち》は去年に笑顔は今年

【こんなときに】
・愚痴が多い人をたしなめ、笑顔にしたいとき
・年始とともに心機一転しようというとき

【関連】
・笑う門には福来る
・怒れる拳《こぶし》 笑顔に当たらず

ぐだぐだ愚痴をこぼすのは昨年までで終わりにし、今年は笑顔で過ごしたいというもの。誰だって好きで愚痴を言うわけでもないだろうし、また一方で、思わず愚痴の一つや二つをこぼさざるを得ない場合もあろう。そうであっても、愚痴が常態化したら、愚痴はさらなる愚痴を呼んで、いわば愚痴の連鎖を生み出して泥沼化し、なかなか抜け出せなくなる。そんなときは逆転の発想を試したい。無理に笑顔をつくり、自己暗示を掛けてみるのだ。最初はぎごちなく不自然であった笑顔が、時間が経つとなんとなく作りものではなくなる可能性があるのだ。日々の生活の中で思わず愚痴りたくなったとき、このことわざを思い起こしてほしいもの。たとえ、無理やりの笑顔であっても、愚痴の連鎖のブレーキくらいにはなるのでは？

笑いは人の薬

【こんなときに】
・落ち込んでいる人を笑顔にしたいとき
・笑顔が素敵な人を評するとき

【関連】
・笑う門には福来る
・笑って損した者なし
・一怒一老、一笑一若

愉快な笑いは健康に良いということ。ひと口に笑いといっても色々であるが、ここでは心楽しい陽気な笑いということになろう。嘲笑や冷笑も同じ笑いではあるものの、相手を馬鹿にしたり蔑《さげす》んだりするものだから楽しいものではなく、歪んだ笑いということになる。このことわざは、江戸時代の浄瑠璃『役行者大峰桜《えんのぎょうじゃおおみねざくら》』（近松半二、一七五一年）にあるものだから二六〇年を超える歴史をもつ。現代でこそ笑いが健康に良いことは常識になってきているが、科学的知見以前に笑いの効能がしっかりと認識されていたわけだ。他に喜怒の感情と健康との関係を明確に言い表したものもある。「一怒一老《いちどいちろう》、一笑一若《いっしょういちじゃく》」とは、怒りは老化を促進する一方、笑いは若さを保つというもの。若ければ良いとは思わないが、怒って老けるよりはまし。

苦労屈託《くったく》身の薬

【こんなときに】
・現在の苦労は無駄にはならないと説くとき

【関連】
・若いときの苦労は買ってもせよ
・苦労は出世の梯子《はしご》

いろいろ苦労したり思い悩んだりすることは人間形成に役立つということ。「屈託」は気にかけくよくよする意だが、「屈託のない」という「〜ない」を付けた言い回しが知られる。どうも「屈託がある」は人気がないようだが、思い悩むことは一概に否定されるものではなく、むしろ大事なこと。数十年前に作家の野坂昭如《のさかあきゆき》が歌うCMソングに「みんな悩んで大きくなった」という一節があった。若者は悩みながら成長を遂げていくというものだ。苦労したり悩んだりすることで、人生には紆余曲折があることを自ら学び、それが成長につながるからだろう。同義のよく知られたことわざに、「若いときの苦労は買ってもせよ」という、まじめで教訓的色合いの強いものがあるが、「苦労屈託―」の方が「苦労」「屈託」「薬」と「く」の音が三度ある分、技巧的に優れていて印象が強い。

高い所に上がらねば熟柿《じゅくし》は食えぬ

【こんなときに】
・多少の背伸びしてでも挑戦をすることの大切さを伝えたいとき
・危険を冒して物事に取り組まねばならないとき

【関連】危険のことわざ
・危ない橋を渡る
・火中の栗を拾う
・薄氷を踏む

多少の危険や無理をしなければ良い成果は得られないとのたとえ。柿の木は折れやすいことで知られる。高い枝先になっている実を取ろうとするあまり、細めの枝に足を掛けるとポッキリ折れてしまうことがあるのだ。ところが、だれもが取れる、取りやすい枝の実は他の人に先を越され、残るのは高い梢という場合が出てくる。このことわざはそのような情景をいうもので、明治期から使われたが、常用されたものではなかった。これに対して、現代も立派なバリバリの現役なのが「虎穴に入らずんば虎子を得ず」。こっちは中国の古典に発し、日本でも鎌倉時代から常用されたオールド。危険の度合いという点であれば、虎バージョンの方が危険というより恐ろしい。ただし、こちらの現実性は低く、実感も伴いにくいだろう。

寝ていて牡丹餅《ぼたもち》食えぬ

【こんなときに】
・自らの怠惰な心を反省したいとき
・怠け者をたしなめたいとき

【関連】
・棚から牡丹餅
・牡丹餅で尻を叩かれる
・開いた口へ牡丹餅

しっかり働いたり苦労したりもせず、ぐだぐだしているばかりで良い思いはできないとのたとえ。牡丹餅は、美味しいスウィーツが回りに溢れんばかりにある今でこそ人気があるとはいえないものだが、江戸時代は一番ともいえるご馳走であった。「牡丹餅で尻（頬っぺた）を叩かれる」とは、思ってもみない幸運が舞い込む意だし、「開いた口へ牡丹餅」も労せず幸運を得る意のものだ。現代でも「棚《たな》から牡丹餅」「タナボタ」の言い回しでよく知られているので、ことわざとしては健在ということになる。しかも、面白いことに、「寝ていて―」とは逆の意味合いになるのだから笑える。もっとも、これは何も牡丹餅に限ったことではなく、ことわざによく見受けられる用法ともいえるもの。相反するものをそのまま並存させて何ら頓着しないのだ。

図は、雑誌『婦女界』49巻1号（昭和九年）の付録として発行された、ことわざや俗語が混交したカルタの一種。「棚のぼた餅とらねば食へぬ」というもので、「寝ていて――」と意味は同じだが、言い回しが異なっている。なお、いろはカルタには「犬も歩けば棒に当たる」の語句で知られる系統のものと、上方で大正時代まで存続したカルタの系統が知られるが、じつはもう一つ別の系統があり、これはその第三の系統に入る一種だ。

雑誌『婦女界』49巻1号（昭和9年）の付録のカルタより「棚のぼた餅とらねば食へぬ」

足らぬは余るよりまし

【こんなときに】
・物事が足りないこと、不十分なことを嘆いている人に

【関連】数量のことわざ
・勘定合って銭足らず
・算盤で錠があく
・蟻も軍勢
・一人の文殊より三人の愚者

物事はあり余るより足りないくらいの方がよいということ。ここのことわざが言うような足りない方がよい事態とは、どんなことに当てはまるだろうか。第一に思い浮かぶのが人の欲望だろう。物があり余ってしまえば人は求めようとはしなくなる。逆に足りなければ、なんとか手に入れようと思案したり、いろいろと工夫したりするだろう。つまり、余れば怠惰となり、足りなければ意欲をもち向上しようとするからだ。幼い子供の例でみれば、玩具を過剰に与えればあきて見向きもしなくなろうが、足りなければ、自分で工夫したり意欲をもったりする芽が育つからだ。もちろん、これは子供に限らず大人の世界にも当てはまろう。なお、このことわざは西洋から入ってきたもののようで、明治十年に刊行された『西洋《せいよう》諺草《ことわざぐさ》』という西洋のことわざを紹介した本にみられる。

寺に入っては坊主になれ

【こんなときに】
・新しい環境に適応したいとき
・転職してきた新人に社風になじんでほしいとき

【関連】
・郷に入っては郷に従え

入ったところの習慣や規律に従うべきとのたとえ。寺に入って修行することになったなら、その寺の先輩の僧侶にならって振る舞えば無難であろう。この言い回しは江戸時代からいわれるものだが、同義で有名なのが「郷《ごう》に入っては郷《ごう》に従え」だ。こちらは古く鎌倉時代からあり、今も健在な長生きのことわざの一つ。どちらにしても、外国などのそれまでと異なる所になじむには、その地にある様々な風習や慣行に合わせる必要がある。合わせられなければいろいろなトラブルが生まれよう。その地の人にとってはよそ者になるので、相手側に受け入れてもらうしかないからだ。こうしたことわざは色々なものにたとえられ、各地にある。宗教関連に限っても「村に入ったらそこの神を拝め」（アラブ）、「仲間に入れば修道士でも妻帯する」（セルビア）等。

味噌《みそ》に入れた塩はよそへは行かぬ

【こんなときに】
・人のために尽くすことの大切さを伝えたいとき
・いつも周囲の人のために行動する人を褒めたいとき

【関連】
・情けは人のためならず
・人は情けの下に住む
・情けが仇《あだ》

頼まれもせずに人に尽くしたことは、すぐには見返りもなく、一見、無駄なことのようではあるものの、後になれば自分のためになっているものだ、というたとえ。味噌をつくる原料は大豆・麴・塩の三つ。大量に入れる塩も混ぜ合わせるため、すぐに溶けて見えなくなるけれども、約一年後にはよい味の味噌にできあがることからいう。ことわざの意味合いは「情けは人のためならず」と重なるが、「情け――」が抽象的なのに対して、「味噌――」は具体的であり、イメージしやすいうえ、擬人化した着想がユニークで面白い。このことわざは、江戸中期の俚諺《りげん》集『類聚世話《るいじゅうせ》百川合海《わひゃくせんがっかい》』に「味噌へ入た塩」と記載されたのが、古い文献では唯一のもの。こんなユニークなことわざが消えてしまうのは惜しい。ぜひとも復活させたいものだ。

敵と己《おのれ》を知る者は勝つ

【こんなときに】
・事前の情報収集の大切さを訴えたいとき
・自分を客観視する必要性を感じたとき

【関連】
・敵を知り己を知れば百戦危うからず
・頭の上のハエを追え
・自分の盆の窪《くぼ》は見えぬ

勝負に勝つには、相手の力を知ると同時に己の力量を知らなければ勝てないということ。これは、ある面では自明なこと。例えば、一対一の殴り合いの喧嘩なら、闘う前に相手の体格や雰囲気を見て、勝てると見込むか、負けはしまいと思ってからやるだろう。つまり、彼我の力を考えてから行動に移すわけだ。では、何でこんな当たり前なことがいわれるのだろう。一つに敵の正体が判然としないか、定かな力量が測れていない点があるだろう。もう一つは、自己を過不足なく認識するのがたいへん難しいという点にあるだろう。それでも敵を知るのは、まだ容易で、より困難なのが己を見る目、自分を知ることなのだ。「我が糞《くそ》は臭くない」といった己に甘いのが人間だとするようなことわざが多くあることが、それを物語っていよう。

敵の助言《じょごん》にもよくば就《つ》け

【こんなときに】
・耳の痛いことを人から言われたとき

【関連】
・忠言耳に逆らう
・金言耳に逆らう
・かたきの助言も善は善

敵対する立場の者の意見でも、よいと思ったらそれに従う態度が大事だということ。助言や忠言は、良いと分かっていてもなかなか素直には受け入れ難いもの。これは中国の孔子の時代からのことわざで「忠言耳に逆《さか》らう」とか「金言耳に逆らう」といわれている。この言葉は、いまもって立派に通用する現役で教訓色の濃いことわざだ。こんなことわざが古くからあるということは、昔から人の意見を聞けない人が多くいたということになるだろう。なぜそうなるのか心理学的には証明されるのかもしれないが、真意ははたしてどうだろう。このような相手の意見を聞くのが不得手な人間に、敵対する人の意見を聞けというのは意味をなさないであろうか。おそらくこれは、ことわざ特有の誇張法をもって、あえて極論に仕立て逆説的に表現したのではないだろうか。

角《つの》ある獣は上歯《うわば》なし

【こんなときに】
・他人の才能がねたましく感じたとき
・優秀な人の意外な弱点を見つけたとき

【関連】
・天は二物を与えず
・口八丁手八丁
・文武両道

いくつもの優れた能力を具えることはできないとのたとえ。中国の古典に由来する言い回しで、武器となっている角をもつ獣には牙がないということからいう。同じことを別のことわざで「角あるものは牙なく牙あるものは角なし」とあり、江戸中期の俚諺《りげん》集『譬喩《たとえ》尽《づくし》』に見えている。現代では西洋からの「天は二物を与えず」。たしかに、そう言われてみると角のある肉食獣は思い浮かばないので、動物の場合は当てはまるようだ。しかし、人間の場合は、「口八丁手八丁《くちはっちょうてはっちょう》」「文武両道」や「才色兼備《さいしょくけんび》」もいる。もちろん、そうしたうらやましい人は少数で、大多数にはこちらが当てはまるが。であるから、このことわざは「無いものねだり」せずに、しっかり自分をみすえる鑑《かがみ》として傍らにおきたいもの。

正宗《まさむね》の刀も持ち手による

【こんなときに】
・立派な道具を自慢する人に皮肉を言いたいとき
・優秀な人材でも使い方次第だと伝えたいとき

【関連】
・正宗も研がねば切れぬ
・烏《からす》を鵜《う》に使う（能力のない人を大切な地位に置くこと）

いかに優れたものでも、使い方次第だということのたとえ。正宗は鎌倉時代の刀工。また、名刀の呼称だが、酒の銘柄でもある。むろん、ここは刀の方の意。刀が実用から遠ざかってしまった現代では、正宗を実感することは困難だろう。

これを現代盛んなテニスのラケットに置き換えてみてみよう。よくある例なのだが、世界ナンバーワンの選手にあやかって高額な同じものを使ったところで、ほとんどの場合、本人の腕前は上がらない。むしろ、自分には適していない場合もあり、かえって腕前が低下する恐れさえあるのだ。自分の技量の無さを用具や道具のせいにする手合いは少なくない。肝心なのは適したものを選ぶことだ。よい道具はよい使い手に用いられて最大の力を発揮する、というわけだ。

人の弓は引くな

【こんなときに】
・オリジナリティーの大切さを訴えたいとき
・人の真似や人に依存することをいましめたいとき

【関連】
・人のふんどしで相撲取る
・人の提灯で明かり取る
・人の牛蒡で法事する
・人の賽銭で鰐口叩く

他人の所有である弓を自分の物のように扱うことから、人のことに手出しをしてはならないとのたとえ。また、人への依頼心は捨てよとのこと。このことわざは明治時代になってからいうようになったものだが、古くは「他人の弓を引かざれ他人の馬に乗らざれ」と否定の助動詞「ざれ」を伴う言い回しが、鎌倉時代から江戸時代までよく使われていた。どうもことわざは、他人の物を借りたり、利用したりすることには批判的だ。「人のふんどしで相撲取る」「人の提灯で明かり取る」「人の牛蒡《ごぼう》で法事する」（他人が持ってきたゴボウを使って精進料理を作って法事でのもてなしとすることから）「人の賽銭《さいせん》で鰐口《わにぐち》叩く」（鰐口は社殿などの正面に吊るされた参拝のときに鳴らす法具）など色々ある。自分の物は使わずに人の物を利用する虫のよさが非難の的になったのかも知れぬ。

火消しの家にも火事

【こんなときに】

・その道の名人が思わぬ失敗をしたとき

・得意分野だからといって慢心しそうなとき

【関連】

・医者の不養生

・弘法も筆の誤り

・猿も木から落ちる

その道に長けた人でも、自分のことは疎かになるということ。消防士の家でも火事は起こり、警察官の家にも泥棒は入る。こうしたことはいたる所にあるようで、種々の業種に及んでいる。「医者の不養生」「坊主の不信心」「学者の不身持《ふみもち》」「占い者身《しゃ》の上知らず」「髪結いの乱れ髪」「紺屋《こうや》の白袴《ばかま》」「大工の掘っ立て」「左官の荒壁」等、その他にもたくさんある。オーバーにいえば、ありとあらゆる職業や業種にあるかもしれない。別の見方をすれば、人間には己を顧みることのできない弱点が、それだけ多く存在するということになるのかもしれない。とはいえ、人のものを盗む泥棒でも、自分のものは盗まれまいと用心する「盗人も戸締まり」することもあるのだから、まことにもって、人間は複雑極まりないというべきだろうか。

鷹《たか》の目にも見落とし

【こんなときに】
・手抜かりがあって落ち込んでいる人を元気づけたいとき
・油断して見落とすことがないよう、気持ちを引き締めたいとき

【関連】
・鵜《う》の目鷹の目
・弘法も筆の誤り
・画竜点睛を欠く
・百日の説法屁一つ

細部までどんなに周到に点検しても手抜かりはあるのだというたとえ。「鵜《う》の目鷹《たか》の目」とのことわざが、鋭くすばしこい目のたとえであるように、鷹の目は鋭く狙った獲物を逃さないはず。そんな鷹であっても、時として見落としをするということわざ。これは明治時代になっていわれるようになったもので、江戸期は「鬼の目にも見残し」といっていた。鬼販がいっている見残すものとは何か。人間だ。鬼の食い物は人間なのに、食い損なった人間がいたというもの。鷹や鬼ですら見落としがあるのだから、いわんや人間においては…。「見落とし」という言葉ですぐ頭に浮かぶものがある。校正だ。相当に丹念に見たつもりでも、いざ、出版されたものを見ると誤植が見つかる。何人ものがチェックしているにもかかわらず、なのだ。

鳶《とび》も居《い》住《ず》まいから鷹《たか》に見える

【こんなときに】
・立ち居振る舞いや姿勢の大切さを伝えたいとき

【関連】
・鳶が鷹を産む
・鷹は飢えても穂をつまず
・馬子にも衣装

日頃の立ち居振る舞いがよければ、素性のいやしい者でも上品に見えるとのたとえ。このことわざの表現に即していえば、鷹のように振る舞えば鳶でも立派に見えるということ。居住まいは態度とか姿勢のこと。鳶はタカ科に属すタカの一種なのだが、何かと鷹と較べられる。一番有名なのが「鳶が鷹を産む」。平凡な親から優れた子供が産まれることのたとえだ。言い換えれば、鳶は凡庸で鷹は優秀との図式になる。しかし、両者の見てくれは似ており、外観からする区別立ては意味をなすまい。最大の違いは食性にある。「鷹は飢えても穂をつまず」とのことわざは、肉食の鷹は植物を餌にしないことから高い倫理性があると見なされる。対する鳶は、ゴミあさりもする雑食性であり、これが卑しいものと蔑まれる要因になったのだ。

空飛ぶ雁《かり》を吸い物に当てる

【こんなときに】
・非現実的な計画をたしなめたいとき

【関連】
・捕らぬ狸の皮算用

先行き不確実なことに期待して今後の計画を立てることのたとえ。このことわざの情景は、大空を飛ぶ雁を見て、今晩の吸い物の具に予定してしまうというもの。この手のことわざも多くある。現代、もっともポピュラーなのは「捕らぬ狸の皮算用」。ただ、これは古くからあるものではなく明治期から。江戸時代は「穴の狢《むじな》を値段する」「飛ぶ鳥の献立」などといっていた。その他、たとえを異にするものには「置き網《あみ》をいう」が江戸初期からある。これは網を引き上げる前に魚を捕ったかのようにいうこと。さらに、「生まれる前の襁褓《むつき》定め」と、赤子が生まれる前にオムツ作りの騒ぎをすることをいうものもある。これらのことわざは、あり得る現実とかけ離れていればいるほど、ことわざとしての完成度が高いことになる。

人の背中は見ゆれど我が背中は見えぬ

【こんなときに】
・自分の欠点が見えていない人をいましめるとき

【関連】
・人の七難より我が十難
・人の一寸我が身の一尺
・人の屁は臭い我が屁は臭くない

人のことはよくわかるが、自分のことはわからないとのたとえ。実際にも、自分の背中は鏡をうまく使えば少しは見えるが、他人のは何も道具を使わずによく見える。この他、自分のことはわからないとするものや、自分のは欠陥ではないとするようなことわざは数多い。「人の七難より我が十難」は人の欠点についていうもので、自分より少ない他人の欠点が目につくというもの。また、「人の一寸我が身の一尺」も欠点についてだが、こちらは欠陥の大きさを問題にしたものだ。「人の屁は臭い我が屁は臭くない」となると、生理的な快不快の側面は関係するものの自分への甘さが介在しているものだ。ただ、こうした語句の認識にとどまっては人としての向上は望めない。ここは積極果敢なる「自分の頭のハエを追う」ことを勧めたい。

我が影は踏まれず

【こんなときに】
・自分自身を客観的にとらえたいとき

【関連】
・自分の盆の窪は見えぬ
・我が糞は臭くない

自分自身のことはなかなか思うようにはいかないとのたとえ。自分の影は自分で踏むことができないことからいう。影を踏むというものには、鬼ごっこの一種の「影踏み鬼」という子供の遊びがある。鬼が逃げる人の影を踏み、踏まれた者が鬼になるというものだから、影は他人のものしか踏めないことで成り立っていることがわかる。

人の一般的なことなのだろうが、他の欠点を挙げつらったり、アラ探しをしたりはしても、どうも、自分は己を直視せず、欠点や欠陥を認めたがらない傾向がうかがえる。この他のことわざも「息の香《か》の臭きは主知《ぬし》らず」(自分の息の臭さはわからない)、「自分で自分の重みが知れぬ」(重さがわからない)、「自分の盆の窪《くぼ》」(うなじの中央のくぼんだところ)は見えぬ」、「我が糞《くそ》は臭くない」等々、色々に表現されているのだ。

冗談とフンドシはまたにしろ

【こんなときに】
・くだらない冗談に対して冗談で応酬したいとき

【関連】
・冗談から駒《こま》が出る
・冗談にも程《ほど》がある

冗談をいうのはほどほどにしなよということ。「この次」という意味の「又」と、股間の「股」を掛けたしゃれた言い回しになっている。辞典類には見当たらないものながら、一九八三年の映画「居酒屋兆治」の中で使われた。この映画は高倉健の主演で、大原麗子や伊丹十三らが出演しているもので、伊丹十三が言い争いのなかで啖呵をきったときのせりふ。ふつうなら「冗談いうなよ」と言うところを、その場でまったく無関係なフンドシを引き合いに出し、股に掛けて面白く表現している。思わずニヤリと笑えるだろう。こうした技巧が施されたことわざが使えたら、とげとげしい雰囲気も和らぐのではないだろうか。こんなちょっとおしゃれなことわざが日々の生活の中に取り入れられれば、どんなにか生活の潤いになることか。「マタ」といわず、すぐやりたいものだ。

神へも物は申しがら

【こんなときに】
・ものの言い方、伝え方を考えたいとき

【関連】
・口は禍の門
・言わぬが花
・丸い卵も切りようで四角、ものは言いようで角が立つ

どんなことにも、口のきき方やものごとの仕方などを工夫する必要があるということ。神様への願いごとをするにしても、言い方の上手い下手が、ご利益に反映するかもしれないことから。神様でさえそうであれば、ましてや人間においてはなおさらだ。ものの言い方に関することわざは多い。「口は禍の門」とか「言わぬが花」と多弁を戒めるものが目立つものの、「思うこと言わねば腹ふくる」と逆の内容になるもの等あり、なかなかバラエティーに富んでいる。色々あるなかで、掲げたことわざに最も近い意味の語句となるとこれだろう。「丸い卵も切りようで四角、ものは言いようで角が立つ」という都々逸だ。何ともユニークな視点ではないだろうか。実際のことわざとしては各々が独立して使われることもある。

言葉は立ち居を表す

【こんなときに】
・正しい言葉遣いを身につけてほしいとき

【関連】
・言葉は国の手形
・言葉は心の使い
・言葉は身の文

使った言葉をみれば、その人の人柄、人格、生まれや環境、行動が表れているということ。立ち居とは普段の動作。たしかに、方言が使われていれば、どこの出身地かわかることもあるし、言葉遣いで「お里が知れる」こともあろう。前者には「言葉は国の手形」とのことわざもあり、なまりで生まれ育った国がわかるといっている。後者にもれっきとしたことわざがある。「口の利きようでお里が知れる」がそれだ。また、「言葉は心の使い」というように自分の心の中に思っていることは言葉に表れるし、「言葉は身の文《あや》」といって人柄や品性を表してしまう面があるというのだ。言葉にはそうした性質があるだけに、使い方には注意が必要。表題のことわざは、江戸初期からの言い回しで、見事に言葉の本質を表現しているといえよう。

切った口は治せるが言った口は治らぬ

【こんなときに】
・ひと言多い人や失言の多い人を注意するとき

【関連】
・口は禍の門
・物言えば唇寒し
・雉《きじ》も鳴かずば撃たれまい

ちょっとした怪我で切ってしまった口の傷であれば、場合によって傷跡は残るかもしれないが、普通は手当をすれば治る。しかし、一度、相手の口から吐かれた言葉でこうむった傷はそんなにたやすくは治らない。下手をすれば一生、治せずに生を終えてしまうかもしれない。二つの異なる口を対比して面白く表現してあることわざだが、幕末から明治初期に書き留められた『いらぬことわざ』ということわざ集にだけ見られる。このことわざ集自体も一般にその存在が明らかになって三十年も経っていない、歴史の浅いものなのだから、ことわざも若いことになる。このように、ことわざだからといって皆が皆、古いものではない。日本では『古事記』『日本書紀』にも載る古いものがある反面、明治時代から西欧のことわざの進出が目覚しいのが、ことわざの歴史なのだ。

嘘《うそ》をつかねば仏になれぬ

【こんなときに】
・真面目で正直すぎる人へのアドバイスに

【関連】
・嘘も方便
・嘘も誠も話の手管

多少の嘘をつかないようでは立派な人物にはなれないということ。人として行うべき正しい道である道義のようなことを、人に説教するくらいな人物でも、嘘をつくということからいわれる。あまり是認したいものではないが、どうも人には必要悪というものが必要なようだ。これと重なる意味合いをもつことわざに「嘘も方便」がある。こちらは、たとえ嘘であっても、使う目的がよこしまでなければ許されるとする考えをいうものだ。世の中には色々な人がいるから、なかには全然嘘をつかない人もいるかもしれないが、大部分は多かれ少なかれ多少の嘘はつくのではないだろうか。相手をだましたり、陥れたりする嘘は論外だが、反対の意味合いの嘘であれば、その場をなごませたり、会話を楽しくしたりすることもあるだろう。

二、日々のくらしと人生

「柳に雪折れなし」→74

人間《にんげん》一生《いっしょう》二万日《にまんにち》

【こんなときに】
・人生全体を広い視点から見つめ直したいとき
・一日一日の大切さを若者に伝えたいとき

【関連】
・人間五十年
・一生は風の前の灯《ともしび》
・一生は夢のごとし

人間の一生を日にちに換算したもの。二万日を一年三六五日で割ると54.79…となる。年齢にすると五十四歳。江戸時代には「人間わずか五十年」との句が知られているように人間の寿命は五十年と見られていた。このことわざは、明治末期の俚諺《りげん》集『日本俚諺《りげん》大全』に載っているので、江戸時代の見方が取り入れられたのであろう。もちろん、現代は男女ともに平均八十歳を超えているので、日にちは変更する必要があるだろう。数字だけでいえば、現代版は「人間一生三万日」となる。問題はここからで、三万日をどう考え、どういう生き方にしていくかであろう。長いようで短いと思うか、一日一日が大切と思うか…。

亀《かめ》の年を鶴《つる》が羨《うらや》む

【こんなときに】
・限りない欲望を抑制しようと思ったとき
・欲深い人を批評するとき

【関連】
・鶴は千年亀は万年
・欲に頂きなし
・千石を取れば万石を羨む

「鶴は千年亀は万年」というよく知られたことわざがあるように、鶴は千年も生き、亀となると万年も生きながらえるという。ということから、より長生きする亀を鶴がうらやましがるというもの。言い換えると、欲望には限度がないということだ。他のことわざにも「欲に頂きなし」「千石《せんごく》を取れば万石《まんごく》を羨《うらや》む」とある。そして、「欲は身を失う」「欲ゆえだまされる」と、己の欲と対峙《たいじ》し、戦うことが人間の根本的なテーマでもあった。ただ、ひと口に欲望といっても全てが厭《いと》わしいものではないはず。ものごとに対する意欲とか、よい意味での野心は否定されるものではない。近松門左衛門《ちかまつもんざえもん》の浄瑠璃《じょうるり》『夕霧阿波鳴渡《ゆうぎりあわのなると》』に「欲を知らねば身が立たぬ」と示されているように適度の欲がなければ生きていけないからだ。

内の鯛《たい》より隣の鰯《いわし》

【こんなときに】
・ほかの人のことがうらやましく感じたとき
・他人の物を欲しがる人をなだめるとき

【関連】
・他人の飯は白い
・隣の花は赤い
・隣の芝生は青く見える

自分のものより他人のものがよく見えるとのたとえ。現代でこそ鰯も刺身で食べるくらいの地位になっているが、かつては肥やしにされたりした低級魚の代表的存在であった。鯛の方はいまも高級魚で変わらない。要するに、隣の家で食べている鰯の方が自分の家で食べる鯛より美味いというもの。複雑で微妙な人間心理を表すことわざの一つなのだが、同類では、「他人の飯は白い」「隣の花は赤い」「人の持つ花は美しい」などたくさんある。こうした心理は日本に限らないようで、外国にもよく見られる。「隣の山羊はうちの山羊より多く乳をだす」（スペイン）、「垣の向こうの芝はもっと緑色」（フィンランド）、「他人の妻は美人に見える」（ネパール）、「他人の妻は美人、自分の妻は醜女」（モンゴル）等とある。

蟻《あり》と蟻にも礼儀《れいぎ》あり

【こんなときに】
・礼儀作法の大切さを伝えたいとき
・親しい相手だからといって油断するなといいましめたいとき

【関連】
・親しき中にも礼儀あり
・親しき仲にも垣をせよ

蟻同士がすれ違う時に互いの触覚を触れ合うような仕草をすることから、礼儀の大切さをいう。ことわざの技巧面からみても、「あり」の音が三回使われ、たいへん響きのよい言い回しになっている。このことわざを知って改めて蟻の動きを観察してみた。確かにことわざがいっている通りで、先人の自然観察眼の鋭さを思い知った次第。蟻をおもちゃにして遊んだ自分の遠い記憶も蘇った。礼儀の大切さをいうことわざの代表格が「親しき中にも礼儀あり」。誰からもとやかく言われない立派な格言といった趣きのものだが、人を和ませる愛嬌のようなものがない。それに対して「蟻と蟻――」には、語呂のよいユーモアがある。しかつめらしく礼儀を強調するより、この蟻君ことわざの方がよっぽど効果があるだろうね。

手を出したら負け

【こんなときに】
・暴力をたしなめたいとき
・喧嘩の仲裁を買って出るとき

【関連】
・喧嘩両成敗
・負けるが勝ち

先に暴力にうったえた方が悪いということ。「相手のない喧嘩《けんか》はできない」とのことわざがあるように、喧嘩をするには相手となる者が必ずいる。当たり前だが、一人で喧嘩はできない。だが、社会があれば人間は複数存在する。人が複数になれば、感情の行き違いや誤解などいろいろ起こる。これが元で喧嘩は生まれる。社会が存在する限り、大なり小なりの喧嘩は避けられないと見るべきだろう。それに、ひと口に喧嘩といっても様々だ。いきなり殴りあいの喧嘩もなくはなかろうが、大抵は、口喧嘩から始まろう。そのうち片方が暴力を振るいやっつけてしまっても、喧嘩の裁きは勝った方が負け。これが喧嘩のルール。平凡なことわざだが、江戸期の洒落本『田舎芝居』で用いられて、結構長い歴史があるのだ。

窮《きゅう》して後に工《たくみ》なり

【こんなときに】
・物事がうまくできずにくじけそうなとき
・土壇場で力を発揮した人を評するとき

【関連】
・窮鳥《きゅうちょう》懐《ふところ》に入れば猟師も殺さず
・火事場の馬鹿力
・必要は発明の母

できなくてどうにも困った後に、上手にできるようになること。もともとは中国の古典に発する言葉で、詩人や芸術家に対して困窮することが良い芸術を生むとの意で用いられたもの。人間、瀬戸際に追い詰められると思わぬ力を発揮したり、思いがけないことをやらかしたりすることはよく耳にする。「火事場の馬鹿力」は、火事の時に普段はとうてい持つことのできない重い物でも持ってしまうことだが、これは科学的にも証明できるという。こんな肉体の問題でもそうなのであれば、頭脳や具体的な情況の事柄なら、もっと簡単だろう。明治時代に西洋から入ってきたことわざで「必要は発明の母」というのがある。新しくものが発明されるのは、人々がどうしても必要だとの強い思いが元になっているというものだ。人は必要に迫られて新しいものを作るのだ。

河豚《ふぐ》にも当たれば鯛《たい》にも当たる

【こんなときに】
・不運が続く身の上をなげきたくなったとき

【関連】
・泣きっ面に蜂
・腐っても鯛
・弱いところに風当たる

運のないときは、普段には危害とならないようなものまでが害となるとのたとえ。河豚は猛毒があり、調理の仕方を間違えれば死にいたることもある。他方、鯛は「腐っても鯛」というように、少しぐらい傷んでいても人体に影響しないという。でも、それも通常であれば、との但《ただ》し書きがつく。間の悪いときというのは、普通とか、通常との範疇で語れないことが起こるというもの。むろん、いつもいつも不運ばかりではない。運のよいときだってある。日本では「運がよければ牛の糞《くそ》も味噌《みそ》になる」といっている。糞が味噌になるなんて、現実にはあり得ない。だが、気持ちの上では少しは似た所があるのだから、変身もあり得るかもしれぬ、との期待感によるのかもしれない。なお、エジプトでは、「運のよい奴は、ナイルに投げこまれても魚をくわえて浮かび上がる」といっている。

松は千年 竹は万年

【こんなときに】
・お年寄りを囲んで長寿を祝うとき

【関連】
・鶴は千年亀は万年
・松の実生《みば》えの臼になるまで

いつまでも長寿であり、おめでたいことにいうことば。この言い回しからすぐに連想されるのがご存じの「鶴は千年亀は万年」。こちらの動物版は室町時代から現代まで使われ続けている言い回し。対する「松は―」の植物版は明治期になって顔を出したものであり、一般への広がりはなかったらしい。両者の歴史的な展開をみる限り、植物版は動物版にならって創作されたことわざともいえようか。それにしても、両方は千年、万年との途轍もない長い年月を伴っているが、信じてよいものなのだろうか。動物はさておき、植物では、かの縄文杉の樹齢は二千年から七千年になるという。杉には敵わないが松も長寿。五百年から千年といわれているので、少なくとも松の場合は誇張ではないが、竹はせいぜい二十年だから疑問符がつく。

身に勝《まさ》る宝なし

【こんなときに】
・自分の命や健康の大切さを伝えたいとき

【関連】
・人の命は万宝の宝
・命は宝の宝
・命に過ぎたる宝なし

自分の体がもっとも大事なものであるということ。この簡潔で力強い言葉は平安時代の勅撰和歌集『金葉和歌集《きんようわかしゅう》』の中で用いられているもの。そこには「身にまさる物なかりけりみどり子はやらんかたなくかなしけれども」（我が身に優るものはないのだ、乳飲み子はどうしようもなく可愛いが）と詠まれている。人の命が何よりの宝だとする認識は古く仏典にも見えている。似たような言い回しもいく通りもあり、「人の命は万宝の宝」「命は宝の宝」「命に過ぎたる宝なし」などがあった。人間の生命の大事さは古くからしっかりと認識されているが、わけても我が身となると格別になる。なにせ、「我が糞《くそ》は臭くない」のであり、自分の身でなければ「人の痛いのは三年でも辛抱する」とのことわざがあるくらいなのだから…。

新しい医者と新しい墓には行くな

【こんなときに】
・どの医者にかかろうか迷ったとき

【関連】
・医者と味噌は古いほどよい
・医者と唐茄子は年取ったほどいい

経験の浅い医者にはかからない方がよいということ。同時に、死者を葬ったばかりの墓は、どことなく自分も引き込まれるように感じられるところから、行かない方が無難だということだろう。新しい墓に行くなとの例は他に知らないが、医者は古い方が良いとするのは、ことわざの世界の通り相場だ。「医者と味噌《みそ》は古いほどよい」「医者と唐茄子《とうなす》は年取ったほどいい」などとある。この傾向は西洋にもみられる。ドイツでは「若い医者は新しい墓地だった」であり、フランスでは「若い医者は墓地をふくらませる」とある。これらをみると、表題のことわざは西洋から新しく取り入れられたものかもしれない。ところが、ここがことわざの面白いところだが、逆もあるのだ。「医者と筍《たけのこ》は若いがよい」これは日本のもの。ことによると目覚しい医療技術の進歩が関係しているのかもしれない。

起きて働く果報者

【こんなときに】
・健康で働けることの幸せをかみしめるとき

【関連】
・働かざる者食うべからず
・浮世の馬鹿が起きて働く

心身が健康でちゃんと働けるのは幸せなことだということ。果報は前世の行いの報いを第一義とするが、ここでは第二義の幸運の意。少しくらいの病気であれば働いたり遊んだり生活もできる。だが、それも場面や程度の問題。人にもよろうが、ちょっと熱でも出ようものなら大騒ぎする者もあろう。それでも、毎日、朝起きて仕事や勉学にいそしみつつ、時には「貧乏ひまなし」と溜息のひとつもつきながら生きていければ、庶民の小さな幸せなのかもしれない。ところが、このことわざは意味が対立する何もせず寝ているのが一番との「浮世の馬鹿が起きて働く」という言い回しと拮抗する。こっちの見方は、横着を自己正当化し、仕事や労働を揶揄《やゆ》する立場。横着のままで人生が送りきれれば良いのかもしれないが、そうはうまくはいくまい。

左は勝手《かって》右は得手《えて》

【こんなときに】
・万能のスポーツ選手を評するとき
・あれもこれもできるようになりたいという人に

【関連】
・器用貧乏
・墨絵にかくシラサギ（不可能と思われることも優れた技術で成しとげること）

左手なら都合がよく、右手なら得意だということ。何に対しても自在にやってのけることと。これが、もし実際にできれば最高なのだが、そうはいかない。このことわざを普通の言い方にすると、「両手利き」などになろう。野球のバッターでは、相手投手が右か左かで自分が右打ちにするか左打ちにするか選ぶスイッチヒッターも稀ではない。だが、テニスでは左右の片手だけを使ってボールを打つことは、理屈上は可能なのだが、実際にそんなスタイルで打つ一流選手はいない。野球の場合でも、左右のどちらかの方が得意とするケースがほとんどだろう。このことわざのような境地は、スポーツの例をみてもわかるように、ある種の理想で、実際は至難なことだろう。もちろん、強い方に頼らず弱い方を鍛えることは大事なことだが…。

世の中の人の心は九分十分《くぶじゅうぶ》

【こんなときに】
・ほかの人の気持ちがわからなくなったとき
・周囲の人と自分を比べてしまい、コンプレックスを感じたとき

【関連】
・世の中は九分が十分
・九分は足らず十分はあふる（物事は足りもせず余りもしないのがよい）

人が考えることは大差なく、皆同じようなものだということ。「心」を「目」としたり、「九分十分」を「九合十合《くごうじゅうごう》」としたりする言い方もされる。江戸前期ころからよく使われたことわざのひとつ。九合十合との語句から推測されるように、人の心を物の分量になぞらえた言い回し。暑い夏が来れば海や山が恋しくなるし、連休になれば家族サービスをしたり、色々なレジャーを楽しんだりしたくなる。観光や遊び以外にもある。土用の丑《うし》の日になれば鰻《うなぎ》が食べたくなり、暑気払いと称しての冷たいビールの場合もあろう。とにかくネタはどこにでも転がっているから、あとは金との相談だけ。もちろん、なかにはへそ曲がりや片意地を張る者もいようが、大勢が従う思考様式だろう。

なお、大変よく似た言い回しに、「世の中は九分が十分」というものがある。こちらの

意味は、世の中はままならないのだから、思うことの九分もできれば十分と満足すべきというもの。格助詞「が」が入ることにより、まったく違うことわざになる。こっちはいろはカルタになっている。「新いろは嘉留多《かるた》」という、明治四十三年に発行されたもので、絵を東山《ひがしやま》魁夷《かいい》の師匠にあたる結城《ゆうき》素明《そめい》が描いている。このカルタが特段にユニークなのは、字札の文字を、当時の錚々《そうそう》たる有名人に書かせている点だ。この書はかの洋画家・黒《くろ》田《だ》清輝《せいき》だ。

「新いろは嘉留多」（明治43年）より「世の中は九分が十分」

月日も変われば気も変わる

【こんなときに】
・人の心の変わりやすさに思いをいたすとき
・痛みや苦しみもいつかは消え去る、となぐさめたいとき

【関連】
・三つ子の魂百まで
・雀百まで踊り忘れず
・女心と秋の空
・初心忘るべからず

人の心というものは、不変なものではなく、月日が移り変わるように変化するのだということ。一口に人の心といっても色々ある。性質に関わるものであれば、己に厳しく他人に優しい心もあれば、反対に、己に甘く他人にキツイ性格もある。こうした人の性格などはなかなか変わるものではない。これをことわざで表すと「三《み》つ子の魂百まで」とか「雀《すずめ》百まで踊り忘れず」といっている。他方、時間が経てば変わりやすいものもある。喜怒哀楽などの感情が当てはまるだろう。その人の気質にもよろうが、何か大喜びすることがあっても喜びの感情はそんなにいつまでも続かないし、反対に悲しいことがあっても、いつか悲しみは消えてゆく。このことわざは、痛みや苦しみを持つ人への慰めのことばとして使いたいもの。

骨《ほね》は朽《く》ちても名《な》は朽《く》ちぬ

【こんなときに】
・死を見据えつつ、前向きに歳を重ねていくために

【関連】
・虎は死んで皮を残し、人は死んで名を残す
・人は一代名は末代

死んでしまえばその人の骨もいずれ無くなるが、名声や輝かしい業績は長らく残るものだということ。茶々を入れるようだが、名が残るのは名声ばかりでなく悪名も残るはず。ユダヤ人虐殺のヒットラーしかり、ギャングのアル・カポネしかりだ。その他、国家の独裁者たちの悪名は少なからず残っている。しかし、世のため人のため、立派な功績を立てた人々の方が比べものにならないくらいに多いが事実なのだろう。名を残すというと、どうも出世して有名になることと錯覚されがちだが、そんな程度のものは長くは残るまい。第二次世界大戦下のリトアニアで外交官として六千人のユダヤ系難民にビザを発給して助けた杉原《すぎはら》千畝《ちうね》の名は、本人が死亡した後に名誉が回復すると共に日本人の知ることになった。民族の違いを超えた、なんと崇高なおこないであることか。まさに「名は朽ちぬ」。

穴より出て穴へ入る

【こんなときに】
・人の一生を端的に表現したいとき
・人生のはかなさに思いをめぐらせたいとき

【関連】
・どこで暮らすも一生
・苦も楽も一生は一生
・笑って暮らすも一生、泣いて暮らすも一生

人の一生を言い表す言葉。先の「穴」が産道で、後ろが土を掘った墓穴。これがなぜ人間のことなのか？　哺乳類のほとんどは産道から生み出されるが、墓穴に入ることはないはず。もっとも世界は広く、数え切れないほどの動物がいるし、ましてや詳しい生態が不明なものも多いはずだから、もしかすると、穴の中に入って死ぬ動物が発見されるかもしれないが…。

ところで、人が産まれ出る穴はS字状のため、特別に時間もかかり大変なのだが、これに対して、動物の産道は垂直で苦痛もなく、短時間で産まれる構造上の大きな違いがある。いわば、人は産まれながらに苦難を背負い、やがて生を終えて大地の穴へ返るのだ。それにしても、穴から出て穴へ入るとは、なんとフランクで言い得て妙な物言いであろうか。

倹約とケチは水仙とネギ

【こんなときに】
・似ている物事にも違いがあることに気づいたとき
・ケチな人を批評したいとき

【関連】
・爪に火をともす
・一文惜しみの百損
・出すことは舌を出すことも嫌い

むだ遣いをしないで切り詰める倹約と、過度に金品を惜しむケチは、似ているようでまるで異なるものだということ。それは水仙と長ネギのような関係にたとえられるという。たしかに一見したところ、水仙の茎とネギは似ている。似ているのは姿だけではなく、生育する季節も近い。水仙は雪の中でも花を咲かせることから、別名を雪中花とも呼ばれるし、他方、ネギは冬の鍋料理には欠かせない具材で冬を共にするというわけだ。異なる点は、可憐な花を咲かす水仙が、ナルシストの由来であるギリシャ神話に登場する美少年ナルシサスの化身として知られるほどに美しい存在であるのに対して、ネギがそっけないほどにシンプルということだろう。もっとも水仙は食べて味わったことがないのでお味のほどはわからない。このことわざは、江戸期の有名な滑稽本『浮世風呂』（四）で用いられていた。

寺にも葬式《そうしき》

【こんなときに】

・人生どのように立場が変わるかわからないと感じたとき

【関連】

・明日は我が身

・人間万事塞翁が馬《にんげんばんじさいおうがうま》

人の世話をする者が、反対にされる側にもなるように、人生には順番があるということ。立派な葬式を行うことは、死の格を反映するものとみなされもした。いまでこそ絶対視されなくなってきたが、人を弔う儀式として人々の生活に根付いていた。人が死ねば必ず葬式が執り行われるので普通であった。仏事や祭事を司る寺であろうと、必ず死ぬ人は出る。出れば葬式となる。この句は、普段は檀家などの法要や葬儀に携わる寺自身が、葬式を出す番になったというものだ。人生のなかでは様々なことが起こるが、「寺にも葬式」は、このような立場が変わる事柄を絶妙なたとえで表現しているものと感心させられる。ただ、実際の寺自身の葬式は見たことがないので、どういうふうに行われるのだろうか、いささか気になるところだ。

一度焼けた山は二度は焼けぬ

【こんなときに】
・災難にあって落ち込んでいる人を励ましたいとき

【関連】
・弱り目に祟り目

同じ災難は二度はこないということ。たしかに山火事で丸焼けになった山なら、焼ける木々がないから二度は焼けまい。仮に、焼けるとしても草木が再生してからとなるはずだ。ということから、このことわざは、災害にあって打ちひしがれている者への慰めの意味をもつ言い回しといえる。しかし、実際には災害や禍いは一回こっきりということはなく、むしろ反対に不幸や災難は続くとするのが世界のことわざの大方の見方。西欧には「不幸は一人ではやってこない」との言い回しが広く知られている。また、比喩を用いたものでは、「ハエから逃れてクモに食われる」（ポルトガル）、「狼から逃げたら熊に出くわす」（ロシア）、「落ちてハシゴにぶつかる」（インドネシア）などがあり、どうも災難は連続するとの見方の方が数の上では優勢なのだ。

餡汁《あんじる》より団子汁《だんごじる》

【こんなときに】
・心配性でいつもくよくよしている人に
・悩みごとがあって落ち込んでいる人を励ますとき

【関連】
・案じるより芋汁
・案じるより産むがやすし

いつまでもくよくよ心配するよりも、美味いものでも食べながらゆったりしていればよいとのたとえ。「餡汁」（汁粉）に「案じる」を掛けたしゃれ言葉でもあり、その上、団子汁の「じる」の音が重ねられて、たいへん耳響きのよい語句に仕上がっている。同音異義語が多い日本語の特性が存分に生かされた小気味のよいことわざの代表的なものだろう。類句も豊富で、「案じるより芋《いも》汁」「案じるより豆腐汁」「餡子汁《あんこじる》より芋汁」「案じるより感じる」などとある。このことわざが特筆に値する点は、技巧的な面にとどまらない。簡潔な言い回しでありながら、ユーモアとウイットをもってなぐさめ癒やしてくれる、その中身に価値があるのではなかろうか。よく知られる類句「案じるより産むがやすし」と使い分けしたいもの。

苦を知らぬ者は楽を知らぬ

【こんなときに】
・現在の苦労が将来のためになると励ますとき

【関連】
・苦をせねば楽は成らず
・楽は苦の種

これを逆にいえば「苦を知る者が楽を知る」となろう。それなので、さんざん苦労した者こそ本当の楽しみがわかるということになる。このことわざは、多くの人にとって実感しやすい。たとえば、市民マラソンで途中、何回も腹痛などのトラブルに見舞われたにもかかわらず、見事完走したばかりか、目標の入賞も果たしたとき、なんていうのを想像すればよいだろう。あるいは、農民が虫害や台風などの自然災害に何度も遭いながらも、最後は無事収穫できたときに覚える喜びの気持ちは、当事者でなくてもある程度の想像ができるだろう。このことわざは明治期からのものだが、少し異なる「苦をせねば楽は成らず」としたのが江戸中期。さらにそれ以前は、類義の「楽は苦の種」という言い回しが江戸初期にはできていた。

悲しみの一時《いっとき》は楽しみの一日より長し

【こんなときに】
・悲嘆に暮れている人に同情したとき

【関連】
・泣き面に蜂
・傷口に塩
・踏んだり蹴ったり
・弱り目に祟り目

ほんのわずかな悲しい時間でも、楽しく愉快な一日より長く苦しいものだとのたとえ。最も早く西洋からもたらされた西洋のことわざ集、『西洋諺草《ことわざぐさ》』（明治十年）にあるもの。西欧のことわざは、日本のものに比べると比喩を用いるケースも多くはなく、表現も抽象的な用語を多用するなど、違いも大きい。なぜだか定かな理由はわからないものの、どうも人の気持ちには、悲しみとか不幸、災難などのマイナスの要素の方が、楽しみ、幸福、喜び等のプラス要素より強く作用するようだ。それを証明立てることわざには事欠かない。いろはカルタにある「泣き面に蜂」は、悲しくて泣いているのに、さらに蜂に刺されるというもので、不幸が重なること。その類句は、「傷口に塩」「転んだ上を突きとばす」「踏んだり蹴ったり」「転べば糞の上」「痛い上の針」「弱り目に祟り目」「病み足に腫《は》れ足」

など数多い。もちろん、世界にも広がっている。「不幸は独りではやってこない」は欧州とアジア圏にあり、「降れば土砂降り」もアメリカや西洋にある。その他にも世界各地にはいろいろな表現がある。「目病みにトウガラシの粉」（韓国）、「押しつぶされたあげく、なぐられる」（ブリヤート）、「災難はドアからも窓からもやってくる」（ウクライナ）、「傾いた木には山羊も跳び掛かる」（ポーランド）、「貧乏人がシャツを日に干せば雨が降る」（コロンビア）など。なかには日本のものとそっくりなものもあり、驚かされる。

「新板いろはたとへ双六」より「なき面に蜂」

人の命は千金より重し

【こんなときに】
・人命の大切さをかみしめるとき

【関連】
・人の命は万宝の第一
・命は宝の宝
・命に換える宝なし

人命は莫大な金より価値がある大切なものだということ。この言葉は江戸時代の滝沢馬琴《たきざわばきん》『南総里見八犬伝《なんそうさとみはっけんでん》』（四）に見られるものだが、ことわざ辞典の類には載っていない。他に人命を尊重することわざとしては、「人の命は万宝の第一」「命は宝の宝」「命に換える宝なし」などが古くから口にされ受け継がれてきた。その一方で「命は鴻毛《こうもう》より軽し」「命より名を惜しむ」とお国に命を奉げ、正義とか名誉の為に命を捨てることも推奨もされた。人間の歴史を顧みると、国家や権力側がさまざまな美名のもとに強行する戦争に駆り立て、庶民の命を「命は塵芥《ちりあくた》」とばかりに蔑ろにしてきたのが特に近代の歴史ともいえるのだ。悲惨な戦争や命を軽視する思想を反面教師にして、命が宝の思想をしっかりと根付かせる必要がある。

地獄《じごく》極楽《ごくらく》はこの世にあり

【こんなときに】
・平和について考えを深めたいときに
・この世の実情を真剣にとらえ直したいとき

【関連】地獄のことわざ
・地獄で仏
・聞いて極楽見て地獄

地獄も極楽も、どちらも現実のこの世のものであるということ。仏教的には地獄極楽は死後のもの。この世で悪行を働けば地獄に落ち、善行をすれば極楽へ行けるとしている。では、このことわざと仏教とは対立する考えをいうものであろうか。たぶん、対立するとは見られず並存するか、あの世とこの世のタイムラグがある程度ではないかと憶測する。定かな根拠といえるものではないが、この世は心の中で地獄にも極楽にもなるとの意の「地獄極楽は心にあり」とのことわざが存在するからだ。だが、そうした次元のものを超えて、現実に起こった原爆のような惨状の事実が、描かれた地獄絵とは比べものにならない、鮮烈な印象を植え付けたからではないだろうか。なお、これは明治になってからの表現だが、室町期は「地獄も極楽も目の前にある」といった。

鯒《こち》の頭は姑《しゅうとめ》の知らない肉がある

【こんなときに】
・ほかの人が気づかない価値に気づいたとき
・偏見を持たず、いろいろな世界に挑戦してほしいと思ったとき

【関連】価値のことわざ
・腐っても鯛
・掌中の一鳥は叢中の二鳥に価《あたい》する（少なくとも確実な方がよい）
・棺《かん》を蓋《おお》いて事定まる

人が顧みないものの中には思わぬ値打ちものがあるとのたとえ。鯒は全長五十センチくらいのコチ科の海魚で、夏場は美味といわれる。体色は暗褐色で特に頭が大きい。頭には隆起やコブがあり、お世辞にも見てくれのよい姿とはいえない。こんな鯒の頭には美味しい肉があるのだというもの。ただ、魚の頭の肉が美味いのは鯒に限らず、真鯛《まだい》や黒鯛など、タイ科の魚のものが知られる。頭以外にも、魚のおろし身を取った後の粗《あら》が美味いのは知る人ぞ知るところ。また、偏見や思い込みなどで食わず嫌いになっているものにも案外美味しいものがある。ことは魚や食物に限らない。人の評価などにもいえる。皆からの評価が低い人であっても、実質は必ずしもそうではない場合も少なくないからだ。要は偏見のない目を持つことが大事ということだろう。

褐《かつ》を被《き》て玉《たま》を懐《いだ》く

【こんなときに】
・質素な身なりで豊かな内面を持った人を評するとき
・質素倹約を旨とし精神性を高めようと思ったとき

【関連】
・ぼろは着てても心は錦
・馬子にも衣装

うわべは飾らず、内に美しい心を持つことのたとえ。また、人知れず優れた才能を有すること。褐は荒い毛織物の衣服で貧しい者が着る。粗末な衣服を身につけているものの、懐には宝玉を抱いているということからいう。『老子』七十章にみえる言い回しだが、明治時代以前の日本ではあまり広まらなかったようだ。現代の日本でいわれる同義の表現となると「ぼろは着てても心は錦」あたりだろうか。但《ただ》し、優れた才能を持つ意は、こちらにはないが…。この反対の意のものがよく知られる「馬子にも衣装」。見てくれを良くすれば中身の不足が補えるとする類だ。どうも世の中は、こっちの類が広く存在するようで、他の表現もある。「人形にも衣装」は、人形でも上等の衣装を着れば立派になるというもの。「亡者《もうじゃ》にも鎧《よろい》」は、死んだ人に立派なヨロイを着せるというもの。

人《ひと》貧《まず》しければ智《ち》短《みじか》し

【こんなときに】
・もともと頭のよい人が貧しい境遇にあるとき
・貧しさから抜け出す方法が見つからないとき

【関連】
・貧すれば鈍す

貧乏になると知恵まで出なくなるということ。これに続けて「言葉賤《いや》し」ともいい、「馬やせて毛長し」と続けるものもある。貧乏すると、どうしてこんな言い方をされるのであろうか。好きで貧乏する人は多くはあるまい。仕方なく、やむなく貧乏になったか、もともと貧乏といったケースが大半ではあるまいか。ことわざの立場を弁護すれば、ことわざは貧乏を非難しているわけではなく、貧乏人の情況を解説しているのだ。中国の古典に由来し、日本でも中世の軍記物『曾我物語』(七)で使われている古い言い回し。江戸時代中頃より類義の「貧すれば鈍す」(貧乏になると頭の働きが鈍り心がさもしくなる意)が広まり今日に至るが、「人貧しければ―」の方が、金力の智におよぼす作用について、より端的に言い表しているように思われる。

利口貧乏《りこうびんぼう》馬鹿《ばか》の世持《よも》ち

【こんなときに】
・頭の良さと成功は直結しないと気づいたとき

【関連】
・金の光で馬鹿も利口に見える

なまじ利口であるために貧乏する者もいれば、たいして利口でもないのに上手く世渡りする者がいるということ。利口の類義語である聡明や賢明には、否定的なニュアンスは見られないのに対し、なぜか、利口にはある。国語辞書にも「頭の回転が速いこと」を第一義にしているものの、但《ただ》し書きに「口先のうまい」と補足する。第二義でも「物わかりがよいこと」としながら、「要領がよく、抜け目の無い意にも用いられる」としてある。ひとことで言えば小利口の意となる。小利口なら自らの小才のなせる業なので、失敗して貧乏することもあるにちがいないと納得できる。他方、馬鹿もいくつか意味があるが、ここは愚か者というより、少々抜けたところがある小馬鹿とか、昼行灯《あんどん》といった趣になるだろうか。

歯亡《はほろ》びて舌存《したそん》す

【こんなときに】

・健康に自信がなくなったとき

・じょうぶに見えた人が早く亡くなったとき

【関連】

・高木風に折らる

・柳に雪折れなし

・病下手の死に上手

硬く強いものが先に滅び、反対に柔軟なものが後まで生き残るということ。中国の古典『説苑《ぜいえん》』にある故事に基づくもので、硬い歯が先に抜け落ちるのに対して、舌は上下左右に動くもののそのままあることから。頑強に見える人が、あんがいコロリと逝ってしまい、弱々しく見える人が、意外に長生きする例は珍しくないようだ。これを他の植物を使ったことわざに置き換えていえば、「高木風《こうぼくかぜ》に折らる」であり、「柳に雪折れなし」になるだろう。高い大きな木はそれだけ風の当たりも強いので倒木の憂き目に遭いやすく、しなやかな柳の木は大量の雪は積もらず枝が折れないからだ。さらに病気になぞらえれば、強者は頑健そうでもろい「病下手《やまいべた》の死に上手」で、弱者は病弱そうで長生きする「病上手《やまいじょうず》の死に下手」になるだろうか。

餅《もち》はゆがんでも大きいのがよい

【こんなときに】
・見た目よりも実質をとるべきだと思ったとき

【関連】
・名を捨てて実を取る
・花より団子
・色気より食い気

見てくれより実質を重んじることのたとえ。ここでの餅は、のした餅を四角に切った切り餅ではなく、鏡餅になる丸餅をいうのであろう。鏡餅であれば神様へのお供えであるので丁寧につくられるはずだ。それでも人のやることなので、多少ゆがんだ失敗作はできるだろう。中身は変わらず、形だけが少しゆがんでいても、それほど気にならなければ大きい方が得に決まっている。このことわざはそうした人間心理を言い表したのであろう。日本最初の本格的で近代的なことわざ辞典である、藤井乙男《ふじいおとお》『諺語《げんご》大辞典』（明治四三年）に、広島地方のものとして収録された。ものを較べて良い方を選ぶことわざは多い。「花より団子」「色気より食い気」「見栄張るより頬張れ」「習うより慣れよ」「花の下より鼻の下」とあるが、同じ種類から選んだものは珍しい。

遠くの火事より背中の灸《きゅう》

【こんなときに】
・目の前のことに夢中になっている人に
・広い視野で物事をとらえることの大切さを伝えたいとき

【関連】
・人の屁は臭い我が屁は臭くない
・人の痛いのは三年でも辛抱する

自分のささいなことの方が遠くの大事より強い影響があるとのたとえ。たしかに火事でも遠方であれば自分の身に関わりはないが、背中にすえられたお灸であれば、小さくても熱い。自分の身を大事としたり、自分に関係することを優先したりするのは当然のことで、仕方がないのかもしれないが、ことわざで見る限り極端なものがある。「人の屁は臭い我が屁は臭くない」はたわいないというか愛嬌みたいなものだが、「人の痛いのは三年でも辛抱する」とか「人の子の死んだより我が子の転けた」となると笑ってばかりはおられまい。なにせ、他人事《ひとごと》は傍観したままだし、他人の子供が死亡したことより自分の子供が転んだ方が重大事だというものだからだ。まったく、同情心のかけらもない身勝手人間が描写されている。反面教師のことわざとして、心しておきたいものだ。

夏座敷《なつざしき》とカレイは縁端《えんばし》がよい

【こんなときに】
・夏の屋内の蒸し暑さにうんざりしたとき
・お寿司屋さんなどでウンチクをたれたいとき

【関連】
・井戸の乾くまで水の価値を知らず

夏の家のなかは風通しのよい縁側に近い方が涼しくてよいように、魚のカレイもエンガワと呼ばれる鰭《ひれ》の部分が美味いということ。吉田兼好《よしだけんこう》の有名な『徒然草《つれづれぐさ》』五十五段には、「家の作りやうは夏をむねとすべし」とあり、家屋は夏に適した作りがよいと記されている。続けて冬ならどこでも住めるが、家が暑い夏を過ごすのに適していないと我慢できないとしている。兼好をしてこのようにいわせるほどに、日本の夏は湿度が高く蒸し暑いから、できるだけの涼が求められたのだ。冷房のない時代、奥まった風通しの悪い部屋に比べ、縁側は同じ家でありながらはるかに涼しい。特に、茅葺《かやぶき》屋根であれば、熱がこもらず、家自体が涼しく感じられる。魚のエンガワはカレイやヒラメにもあり、美味として知る人ぞ知るものなのだ。

学ぶ門《かど》には書来《ふみきた》る

【こんなときに】
・学問への情熱を持つ人を励ますとき
・何事も情熱さえあれば道は開けると伝えたいとき

【関連】
・学の前に書来る
・馬を水辺に連れて行くことはできても、水を飲ませることはできない

熱心に取り組めば道は開けてくるものだとのたとえ。「学《がく》の前に書来《しょきた》る」との言い回しは江戸初期からある。表題のことわざはそれを少し言い換えたものであろう。どちらにも志があれば遂行する手だては現れるとみるもので、意志や気持ちの重要性をいっている。とにかく熱望や強い意志があることが何事をやるにも絶対不可欠。それさえあれば、周りの人が協力してくれることもあるだろうし、支援の手を差し伸べてくれることもあろう。やや関連することわざに「花好きの畑に花集まる」という明るい楽しげな雰囲気のものもある。

反対に、いくら周りがやいのやいのと言い立てても、当人にその気がなければ何も始まらないのだ。西洋のことわざに「馬を水辺に連れて行くことはできても、水を飲ませることはできない」というのがある。ウマいこと言っているが、人間さまも馬と同じなのだ。

学《がく》に老若《ろうにゃく》の別なし

【こんなときに】
・いくつになっても学習意欲をもち続ける人に
・老後の新しい挑戦を応援したいときに

【関連】学問のことわざ
・学問に王道なし
・学問は一生の宝
・少年老い易く学成り難し
・故《ふる》きを温《たず》ねて新しきを知る

学ぶことは年齢の違いに関係なく、いくつになっても必要だということ。ほんの少しかじってみただけでも、世の中には数え切れないほどの知らないことがある。たとえ、インターネットを駆使してもわからないことは多いはず。ましてや、それぞれの対象を深化させるとなれば、一つの分野だけでも生涯かかるものも珍らしくないだろう。近年は生涯学習ということばが広まり定着した。特に高齢者や定年退職者向けのカルチャースクールなどはなかなか盛況。健康な状態で生活をおくることができる健康寿命が大幅に伸びた昨今では、脳を刺激し活性化することの重要性が認識されてきた。ピンピンコロリを理想とすれば、ピンピン期間をいかに作り出すかが大きなテーマ。その意味でも脳の活性化につながる「学び」は大事、コロリと行く為にも…。

酒は詩を釣《つ》る色を釣る

【こんなときに】
・飲酒の魅力や醍醐味を伝えたいとき
・お酒を飲みながら物思いをするとき

【関連】
・酒は百薬の長
・酒は詩を釣る針

酒を呑むと詩作する想念がおこり、色恋の気持ちが誘いだされるということ。飲酒の良し悪しについては両面あることはよく知られている。良いほうで有名なのが「酒は百薬の長」。適度な飲酒は健康の維持や増進に役立つとみられている。もちろん、これとて度の過ぎた呑みかたや無茶呑みは当然のごとく否定される。最悪は「酒は百毒の長」に至ってしまうのだ。健康面以外となると「酒は詩を釣る針」というのがある。詩作を魚に見立て酒が餌《えさ》になっている。これに色情を加えれば表題のことわざになるから、飲酒によって色恋が醸しだされるというわけだ。どうも、酒と詩作との相性は抜群のようだ。どうしてそうなるのか、要因はあるのだろうか。思い当たるのが「酒は情けの露雫《つゆしずく》」というものだ。静かに呑む酒によって情愛はしっとり、こまやかになるというものだ。

酒は先に友となり後で敵となる

【こんなときに】
・飲酒するときの心構えとして
・お酒での失敗を繰り返さないために

【関連】
・人酒を飲む酒酒を飲む酒人を飲む
・酒は飲んでも飲まれるな

酒の飲み始めのころは、酒によって舌の回転もよく、話もはずむから人間関係が潤滑になる。しかし、時間も経ち、酒量が増えてくると、感情が激したり、本性が丸出しになったりする事態も生じる。そうなれば、相手とは口論になり、あげくは暴力沙汰になってしまうこともある。別の言い方をすれば、最初はご機嫌で飲んでいたものが、しまいころになると酒に飲まれたような状態になるということだ。この状態によく似た言い回しが「人酒を飲む酒酒を飲む酒人を飲む」だ。こちらは、江戸時代からよく使われたもので、さらに中間的なものが入っていて芸は少し細かいが、趣旨は同じ。表題のことわざは、現代の大辞典にも載っていない珍しいものなのだが、どういうわけか、戦前昭和期の大辞典には載っていた。忘れ去られたことわざだ。

猿《さる》の花見

【こんなときに】
・酒を飲んで顔が赤くなった人をからかうとき

【関連】
・猿の尻は真っ赤
・猿の火事見舞い
・金時の火事見舞い

酒に酔い、顔が赤くなることのたとえ。花見に酒はつきものだから、飲めば顔が赤くなる人がいるのもあたりまえ。そうした花見での飲酒で顔を赤くした人を猿になぞらえたものだ。この言い回しは、江戸中期の狂歌集『狂歌酒百首《きょうかさけひゃくしゅ》』に「このもとにさけひつれたる酒ゑひは猿のはなみる心地こそすれ」（ここで大騒ぎする酔っぱらいの顔は真っ赤っかの意）と歌われたもの。猿といっても日本猿のことになるが、その顔や尻は赤いものと決まっている。それを明言したことわざもある。「猿の尻は真っ赤」とはわかりきった明白なことのたとえだ。その他、「猿の火事見舞い」というのもある。赤く燃える火事の見舞いに赤い顔の猿が行くということから、「猿の花見」と同じ意味合いになるものだ。なお、この意で知られるのが「金時《きんとき》の火事見舞い」。金時は、昔話に登場する足柄山《あしがらやま》の金太郎だ。

酒蔵《さかぐら》あれど餅蔵《もちぐら》なし

【こんなときに】
・酒代に給料が消えてしまったとき

【関連】
・下戸の建てたる蔵はなし

酒を呑まない下戸だからといって、すぐに蔵を建てられるような裕福にはならないということ。これは酒飲みからの言いがかりか、言い訳みたいなもの。酒は樽などに貯蔵できるものなので蔵は建てられるが、生《なま》の餅は貯蔵するものではないから、貯めておく蔵はない。つまり、蔵のあるなしは、食品の性質に起因するものであって、酒を呑むか呑まないかの問題ではないのだ。同じような発想でよく知られることわざが、「下戸の建てたる蔵はなし」。これを下戸側からいえば「上戸の建てた蔵もなし」となろう。何事にも例外があるように、なかには上戸が立派な蔵を建てたこともあるだろう。ただそれも、酒に呑まれるような上戸ではあるまい。江戸後期からある口調のよいことわざだが、広く一般に広まったものではなかった。

左団扇《ひだりうちわ》に日酒《ひざけ》を飲む

【こんなときに】
・自由気ままな生活に思いをはせるとき

【関連】
・左団扇で暮らす
・楽隠居楽に苦しむ
・いつも月夜に米の飯

安楽に日々をおくることのたとえ。同じ意味でよく知られる語句が「左団扇《ひだりうちわ》で暮らす」という。両方に共通する左団扇とはなんだろうか。右利きの人が左手に団扇を持って自分をあおぐと、利き腕でない分、ゆっくりした使い方になる。そんな情景からゆったりしたゆとりのある生活になぞらえられたと見られる。さらに、このことわざの場合は、そこに毎日酒を飲むということが加わるわけだから、安楽この上もない状態になるのだ。ただ、このことわざは明治時代になってから言われるようになったもので、当時としては理想的な安楽生活かも知れないが、現代ではいささか疑問。定年後の何もやることのない生活では、毎日が気楽すぎるとかえって退屈に苦しむ意の、「楽隠居楽に苦しむ」ということわざもあるからだ。

三、ビジネスと社会

「鑿《のみ》といわば槌《つち》」→90

信用は無形の財産

【こんなときに】
・人から信用されることの大切さが身にしみたとき
・ビジネスの基本的な心がまえを説くとき

【関連】信用／疑いのことわざ
・目からウロコが落ちる
・疑心暗鬼を生ず
・信なき亀は甲を破る

人から信用されることとは、形にはなっていない大きな財産だということ。目を惹くような比喩もなく、抽象的な名詞が組み合わされた表現なので、あまりことわざらしさが感じられない、格言に近い言い回し。人の社会や人間関係で、最も大事にすべきものは信用・信義だとする考えに異論はあるまい。反対に不信がその根底に存在するならば、人が何かを共に為してゆくことはできないから、社会も人間関係も成り立たない。お客に信用されて成り立っていた商売の場合、その信用を裏切るようなことをすれば、そこでおしまいだ。いわば、信用は社会の根幹をなす重要な概念なのだ。しかし、残念ながら、信用・信義に関わることわざは少ないことから、あえてここに登場を願ったという次第だ。

三日先《さき》知れば長者

【こんなときに】
・時代の先を読み、ビジネスチャンスをつかむために
・先が見通せない時代状況を皮肉るとき

【関連】
・一寸先は闇
・明日は明日の風が吹く
・来年のこと言うと鬼がわらう

いくぶんか先のことが見通せれば裕福な身になれるとのたとえ。現代はなじみが薄れてしまったが、江戸初期から使われているものだ。「一寸先は闇」「明日は明日の風が吹く」「来年のこと言うと鬼がわらう」どれにも共通するのは、先のことは定かではない、先の見通しは立たないということ。ことわざを三つ並べたものの、いま一つピンとこない人には株の例を挙げてみよう。門外漢の目からすれば、グローバル化している現代の株は、さまざまな要因が交じり合って複雑極まりないように見えるので、三日先はもちろん、明日どうなるかも知れない世界に映る。それは株のことわざにも表され「馬鹿と相場には勝てぬ」と表現されている。つまり、馬鹿者と取引の相場はどう動くのか予想が立たないとみるものなのだ。先を知る者は神のみか。

片手で錐《きり》はもめぬ

【こんなときに】

・人と協調することの大切さを訴えたいとき

【関連】

・一人打つ鼓《つづみ》は鳴らぬ

ものごとをおこなうには、人の助けや協力がいるとのたとえ。キリで穴を開けるには片手では思うようにはいかない。両手なら比べものにならないほど簡単だ。人は一人で生まれ一人で死ぬが、生きている間はずうーっと社会に属す。社会で生きていくには、もちろん個人として果たすべきことや、当人の力は存在するものの、他の人との共同作業や協力が不可欠となる。キリのたとえは明瞭であるものの、現実の社会は複雑で、自分の位置や立場がわかりにくく、このことわざの深意もわかりにくい。それでも、社会が存在する限りは、おたがいさまの精神は不可欠だろう。古くからあることわざではなく、明治時代から。江戸期は「一人打つ鼓《つづみ》は鳴らぬ」、「一人は立たぬ」とか、「人は互い」といい、「世は相身互《あいみたが》い」「世の中は相持《あいも》ち」等ともいわれていた。

大功《たいこう》を成す者は衆《しゅう》に謀《はか》らず

【こんなときに】
・他の人の意見に左右され、物事を決められない人に

【関連】
・千万人といえども吾往かん
・一人打つ鼓は鳴らぬ
・三人寄れば文殊の知恵

大きな事業などで成功するような者は、多数の人の意見を聞いてから物事を判断せず、自分の考えや判断によって決めるということ。決める対象が大きいものであればあるだけ関係する人も多い。多いということは、たくさんの意見や考えがあることになる。その決定は、人数の多い分だけ遅くなりやすい。この句は中国の古典に由来するものだが、日本ではなぜか広まらなかった。どこか民族性のようなものが関係しているのであろうか。反対に、逆の立場のことわざがよく知られていた。仲間がいた方がうまくできる意の「一人打つ鼓《つづみ》は鳴らぬ」とか、「三人寄れば文殊《もんじゅ》の知恵」といったものだ。人と協力して物事をすすめることも大事には違いないが、他人を頼みとせず、まずは自分の力で事に当たってみることも、必要な姿勢といえるのではないだろうか。

長くば継《つ》げ、短くば切れ

【こんなときに】
・物事への柔軟な対応が必要なとき

【関連】
・鑿《のみ》といわば槌《つち》
・柳に風

情況に応じて柔軟な対処が肝要だということ。長いものが求められているのなら、繋いで長くすればよく、短いものが求められたら切って短くするということからいわれる。人の価値観や要望はいろいろで、それこそ「十人十色」。また、相手への対処法もさまざまあろう。「鑿《のみ》といわば槌《つち》」と気を利かせることも必要だし、「柳に風」と受け流さねばならぬ時もあろう。「押さば引け、引かば押せ」の場合だってあるだろう。いく通りかの対処法があるなかで、この言い回しは具体的だから、より実際的といえる。もちろん、いくら相手の望みだからといって何でも応じればよいわけではないが、無理難題や理不尽でなければ、応ずることは結果として自分の器の大きさを示すことにもなるのだ。江戸初期からある言い回しだが、「風前の灯火《ともしび》」状態なので復活させたいものだ。

鯨《くじら》の喉《のど》にも骨が立つ

【こんなときに】
・いざというときに慌てないために

【関連】災難のことわざ
・禍《わざわい》を転じて福となす
・禍独り行かず
・二度あることは三度ある
・艱難《かんなん》汝《なんじ》を玉にす

どんなものにも故障はつきものだというたとえ。地上で最大の生き物であるクジラの大きな喉であっても、なにかの拍子に骨がささることがあるということ。すべての生き物は生身だから、たえず、まわりの種々雑多な脅威にさらされている。小さな虫などの場合は、その脅威はいっそう厳しく、いつでも命を落とす危険にさらされているのだ。

このことわざは、どんなに頑丈で巨大なものであっても、必ずトラブルはあるのだから普段から心しておけとの心構えをいうものだろう。日々の生活にあって、トラブルは不可避であると予測しておけば、実際になったときに慌てずに済むだろう。先々のことを過度に案じるのではなく、避けがたい運命みたいなものと開き直るぐらいにしておくと、気は楽になるのかもしれない。

一指《いっし》痛《いた》んで身安《みやす》からず

【こんなときに】
・わずかな不調や不具合を甘くみないよういましめるとき

【関連】血縁のことわざ
・血は水よりも濃い
・氏素性は争われぬもの
・先祖に討ち死にさせて高枕

わずかな一部の障害でも全体に影響が及ぶことのたとえ。誰にでも経験がありそうなことで、指先をちょっぴり怪我しただけでも、気になったり安眠できなかったりする。さらに、傷口は小さくても悪質な細菌に感染していれば、事態は深刻になることもあろう。自分の体だけに限ってもそうだから、それが親類縁者に及ぶような問題になれば、騒ぎは何倍にもなろう。例えば、とりわけ共同体的な色合いが濃い社会で顕著であろうが、身内に犯罪者などがでれば、一族郎党が危害にさらされるというわけだ。犯罪に関わった当人と血縁関係があるだけで、世間からのバッシングにさらされる。何ともやりきれないものなのだが…。類義のことわざはいくつかある。「一桃腐りて百桃損ず」は桃版。「一匹狂えば千匹の馬も狂う」が馬版。「一鶏鳴けば万鶏歌う」は鶏版だ。

損した港に船つなげ

【こんなときに】
・失敗した人を励ましたいときに

【関連】
・損はもうけの初め
・損せぬ人にもうけなし
・災いを転じて福と成す

失敗をしてもめげることなく、次の機会を目指せという、積極的な姿勢のことわざのひとつ。船に荷を積んで港に降ろしそこで商売したものの、思うようにはいかなかった。次は失敗しないように別の港に行くことも考えるのが普通だが、あえて再度挑戦してみるというものだ。この手のことわざで有名なのが「失敗は成功のもと」なのだが、じつは西洋からもたらされたもの（Failure teaches success）。あまりにもよく知られ、なじんでいるせいか、外来ものと意識されることは少ないようだ。そうは言っても言い回しとして定着するのは大正時代以降からなのだが…。「損した港―」の方も、江戸期のものには見当たらず、明治時代の代表的俚諺《りげん》辞典『諺語《げんご》大辞典』からのようなので、ことわざとしては若い方の部類に属す。

安物《やすもの》買《こ》うて鼻落とす

【こんなときに】
・安物ばかりを買おうとする人をいさめるとき

【関連】
・安物買いの銭失い

値段の安いものを買って得をしたようでありながら、反対に結果として損害になることのたとえ。この意味は衆知のことわざ「安物買いの銭失い」と同じ。両者が異なるのは鼻と銭の違い。銭失いの説明は無用だろうが、鼻落とすの方の説明は必要だろう。自分の鼻が落ちるということは、鼻がなくなること。刃物などで切除するか、何かの原因で失うこと。原因は、安物を買ったということ。はて、これはいったい何？ 花柳病との言葉が消えた現代では難問だろう。直接の原因は梅毒。梅毒に侵された人のなかには鼻が欠けることがあった。以上を図式化すると、安い値段で女郎を買った↓女郎は梅毒持ちであった↓病気を移された↓鼻が落ちた、となる。大切な自分の鼻をなくすのだから金を失う比ではないのだ。安物にはくれぐれもご用心を！

ところで、この図式を絵にしたものがいろはカルタの双六にある。明治初期におもちゃ絵の第一人者といわれた歌川芳藤《うたがわよしふじ》が描いている。図は「新版いろはたとへ雙六《すごろく》」にある「安物買いの銭失い」の部分。ここに描かれている子供が鏡を見る男に「おぢさんははながない」といっている。赤を基調にしたきれいな木版画だが、男の鼻は黒い痕跡のみ。

「新版いろはたとへ雙六」より「安物買いの銭失い」

瓜売《うりう》りで売り損なう

【こんなときに】
・得意な領域のビジネスで思わぬ損失を出してしまったとき

【関連】瓜のことわざ
・瓜のツルに茄子はならぬ
・瓜を二つに割ったよう
・梨の皮は乞食にむかせ、瓜の皮は大名にむかせ

慣れた商売でも損を出すことがあるとのたとえ。独占的な商売でもしない限り、どんな商売にでも多少の損害はあるだろう。儲けがあれば損もあるのが商売の常道だから。このことわざは、瓜を売りに来てうまく売れなかった情況を言い表したものだが、「瓜」に「売り」を掛けながらつづける、ことわざ特有の技が用いられているものだ。野菜類が登場することわざには豆・カボチャ・ナスビなど色々な品種があり、ウリもその中でよく使われる野菜のひとつ。「瓜のツルに茄子はならぬ」が有名。その上、ことば遊びの類にも顔をだす人気ものでもある。「瓜売りが瓜売りにきて売り売り瓜をかぶる瓜売り」との言い回しがある。いわゆる早口ことばであるが、なんと「ウリ」の音が十一回も使われている。文中のかぶるは食べるとの意だ。

千羊《せんよう》は独虎《どっこ》を防ぐことあたわず

【こんなときに】
・周囲に流されず、強く生きたいと思ったとき
・指示待ち人間の新入社員に主体性をもたせたいとき

【関連】
・千万人といえども吾往かん
・衆寡敵せず
・多勢に無勢

非力なものが多くていても、強大なものを打ち負かすことはできないとのたとえ。千羊は千匹のヒツジ。独虎は一頭のトラ。トラとヒツジの力関係からすれば、この言い回しは当たっているだろう。しかし、これはたとえで人間の世界のなぞらえだ。もちろん、人間の場合にも当てはまるケースはあるだろうが、人間には考える力と心がある。いかに絶大なる力の持ち主に対しても、気持ちさえあれば抗うことは可能なのだ。中国の古典『孟子』には「千万人といえども吾往《われゆ》かん」との言葉があり、後に幕末の志士・吉田松陰《よしだしょういん》も自らの決意を表す言葉として用いている。これは「千羊…」とは対極になるもの。つまりは、自分で考えないような者は数ばかりいても、役に立たないとの認識を示しているともいえるのだ。

衆口《しゅうこう》金《きん》を鑠《と》かす

【こんなときに】
・周囲からいわれのない批判を浴びたとき
・周囲に流されず、自分の信念を保ちたいとき

【関連】
・流言蜚語《ひご》
・嘘から出た誠
・虎狼より人の口恐ろし

大勢が口にする噂《うわさ》やそしりは、正しいものさえも破壊してしまうとのたとえ。現代人には馴染みが薄いが、衆口は多くの人の言葉の意。この衆口の悪口や噂が大きくなると硬い金属までも溶かすのだという。中国の古典に発するものだが、日本でも鎌倉時代の金言集『玉函秘抄《ぎょっかんひしょう》』からみられる長い歴史をもつ。この言葉には千年以上の長い歴史があるということは、世の中に、色々な衆口が存在し続けたということの証明なのかもしれない。げに恐ろしきは人の口ということなのだろう。新聞やテレビのない時代であってもそうであったのだから、現代のインターネットの時代では想像を絶する事態の襲来が懸念される。誰でも自由に発信できるネットは便利この上ない代物だが、反面、およぼす有害性は桁外《けたはず》れなものになろう。

鎮守《ちんじゅ》の沼にもヘビはすむ

【こんなときに】
・世の中は善人だけではないことを伝えたいとき
・悪人にだまされたりしないよう警告したいとき

【関連】
・ヘビは弁天の使い
・妬み深き者はヘビになる

悪人はどんな場所にもいるという意。土地の鎮守の神をまつる社にある沼の中に、ヘビがすんでいるということからいう。日本ではヘビは神のお使いとみられ、「ヘビは弁天の使い」ということわざもあるが、ここでは悪者の扱い。他にもヘビには色々なイメージがある。妬み深い性質とみる「妬み深き者はヘビになる」とか、「ヘビ根性」といって執念深いものの代表的存在でもある。毛色の変わったところでは、「ヘビの一年子で穴知らず」という語句もある。この意味するところは、冬眠のために穴に入っていない一年目のヘビということから、女を知らない童貞とのしゃれ言葉なのだ。こんなふうに、色々なヘビがいるように人間の社会にも悪人もいるから、心しておけということになろう。悪人という点では、人間はヘビ以上に種々の悪人がいるかもしれない。

名馬に癖《くせ》あり

【こんなときに】
・並外れた才能と強烈な個性を持つ人を評するとき

【関連】
・蹴る馬も乗り手次第
・人食い馬にも合い口
・癖無き馬は行かず

並外れた才能の持ち主は、強烈な個性を持つものだ、とのたとえ。この馬の癖も、たとえにすぎないのだが、人間に関わりのある実際の馬の癖となると、噛むか蹴るかだろう。ことわざにも「蹴《け》る馬にも乗り手次第」「人食い馬にも合い口」とある。どちらの意味も蹴ったり噛み付いたりする御しがたい馬でも、対処の仕方はあるとの意だ。反対に癖のない馬には「癖無き馬は行かず」といわれ、役に立たないとみなされもしたのだ。言い換えれば、ありきたりではないような強い癖を持つことが、名馬たる所以といえるのかもしれない。人の場合にいう「なくて七癖」は、人間にはだれでも癖があるという、癖の普遍性をいうものだが、天才や異才の持ち主には、凡人にはない並外れた癖が多々あったように思われる。

孔雀《くじゃく》は羽ゆえに人に捕られる

【こんなときに】
・優秀であるためにかえって苦境に立たされている人に

【関連】
・麝香《じゃこう》はへそより身を滅ぼす
・出る杭は打たれる

人より優れていたり目立ったりするところがあると、かえってわざわいを招く、とのたとえ。クジャクが羽を広げたときの美しさ、見事さに異を唱える人は多くはあるまい。だが、そんなずば抜けた美が仇《あだ》となり、クジャクは人間に捕らえられてしまうというもので、江戸時代からいわれている。有する美点がわざわいを招くとの例は、クジャクに限らない。あの象だってしかり。「象は歯有りて以て其の身を焚《や》かる」と象牙が身の破滅になるとしている。こちらは古く鎌倉時代から存在している。とはいえ、象牙類の姿が消えたように、この言い回しも現代は見聞しない。目立つ美しさの点ではカワセミも当てはまる。「翡翠《ひすい》の鳥は羽を以て自ら害《そこな》わる」といわれ、こちらも江戸時代からある。いずれも美点の存在が害悪を招くとしている。

壺《つぼ》の中では火は燃えぬ

【こんなときに】
・能力にふわさしい活躍の場がほしいときに

【関連】環境のことわざ
・住めば都
・大象《たいぞう》兎径《とけい》に遊ばず
・鷹《たか》は水に入って芸なし
・水広ければ魚大なり

活動の場が狭ければ十分な働きはできないとのたとえ。また、どうやっても無理なことはできるものではないということ。入り口の狭いビンや壺の中で火を燃やしても酸素がなくなり火はそのうち消えてしまう。仕事や人の活動を壺の中の火にたとえたもの。反対に広い野原で枯れ草など燃えるものさえあれば、火は広範囲に燃え広がる。仕事でも趣味でも何事であれアグレッシブな人は、狭い空間に納まってはいられない。もっと、本人の活動が発揮できるような限定のない自由な空間が必要となる。ただ、誤解してはならないのは、この表現が自分の能力などをしっかり認識した上で口にしたものでなければ、不満を触れまわる口実か言い訳にしかならないということだろう。何はともあれ、人間にとって実質的に能力を発揮できる場や機会は大事だ。機会がなければ、いかなる才能も開花できない。

猟は鳥が教える

【こんなときに】
・何事も経験が大切だと感じたとき
・理屈よりも実践が大事だと思ったとき

【関連】経験のことわざ
・イカの甲より年の劫《こう》
・老いたる馬は路を忘れず
・良き分別は老人に問え
・経験は知恵の友

技術の習得は繰り返してやることが肝心だとのたとえ。狩猟の腕前を上げるこつは何か。何度も何度も山へ入るということが大事だとの結論となろう。漁師ならば魚が教えるとなろう。学習方法として経験主義そのもの。他方、経験主義に否定的な見方もあるのも事実だ。現代のようにバーチャルな世界が広まってくると、経験が入り込む余地はなくなる。社会の複雑化に伴い、逐一、現場で経験を積みたくてもできない面も多々ある。経験より思考やイメージ、現場より机上が優先され、いきおい頭でっかちになりやすい。こうした経験主義への評価が低くなっている現代であっても、個々の経験に基づいていることは少なくない。頭の中の世界より、自分の手足を動かし、経験によって得られたことが人の血となり、肉となるのであろう。

豆腐《とうふ》も煮《に》れば締《し》まる

【こんなときに】
・世間にもまれながら成長してほしい人に

【関連】
・玉磨かざれば光なし

軟弱な者でも世間にもまれ、鍛えられれば立派になるとのたとえ。軟らかな豆腐でも煮込んでいけば締まってくることからいう。豆腐を用いた料理はいろいろある。好き好きあろうが、代表的なものは単品なら、夏は冷奴だし、冬なら揚げ出し豆腐であろうか。また、他の具材とあわせたものなら鍋物に欠かせないし、季節を問わず各種の料理で使われている。いわばどれでも良しで、他の具材と一緒に鍋の中で火にかけられる。いくつかの工程を通し、一定の時間を経ると仕上がる。仕上がった豆腐自体は、他の具材や調味料などの味も含んで単品にない複合的な味となり、形状として締まるだけでなく、より味わい深いものに変性するのだ。このことわざは、人を豆腐に、社会を鍋に見立ててさりげなく表現していて、なかなか味わい深いものがあると感心させられる。

芋頭《いもがしら》でも頭《かしら》は頭《かしら》

【こんなときに】
・冴えない上司でも尊重しなければならないとき

【関連】
・鶏口となるとも牛後となるなかれ
・鯛の尾より鰯の頭
・大鳥の尾よりも小鳥の頭

①いくら小さな集団であっても、頭の名がつけばそれ相応の価値があるということ。また、②どんなにつまらない者でも、立場を尊重しなければならない時はそうしなければならないというもの。芋頭はサトイモの親芋。江戸時代の代表的な俚諺書《りげんしょ》『諺苑《げんえん》』に収録されているが、常用されたものではない。ほぼ同じ意味で有名なことわざが「鶏口となるとも牛後となるなかれ」という動物バージョンだ。こちらは中国の古典『史記』から見える古いもので、日本でも鎌倉時代からずっーと使われ続けているものだ。動物ものでは、他に「鯛の尾より鰯の頭」、「大鳥の尾より小鳥の頭」とする言い回しもあり、バラエティーに富んでいた。ただ、動物ものには②のような解釈となるものは無かったようだ。その意味では芋版は貴重だ。なお、反対の意味のもので有名なのが「寄らば大樹の陰」。

錦《にしき》は雑巾《ぞうきん》にならぬ

【こんなときに】
・堅物で融通が利かない人を評するとき
・立派過ぎて使い物にならない品物を評するとき

【関連】錦のことわざ
・故郷へ錦を飾る
・錦の上に花を添える
・ぼろは着てても心は錦
・闇夜の錦

高級品だからといって、すべてによいわけではないとのたとえ。錦は金銀など高価な糸を使った模様のある厚手の豪華な絹織物。雑巾は床などを清掃する布で、かつては使い古した浴衣などの衣類をほぐして作られた。布織物として錦と雑巾を較べると、錦は厚手で堅めなのに対して、雑巾は薄く柔らかで対照的。こうした点から実際には錦を雑巾にすることはできないのだ。人間の場合だって同じ。高貴なお生まれの方は汚い仕事をした経験もないだろうから、そんな仕事は得意ではないはず。明治時代から使われるようになった比較的新しい句だ。その他、高貴な錦と低俗なものとを取り合わせたことわざには「錦の袋に糞《くそ》を包む」があり、江戸期に常用された。こちらは入れ物ばかり立派で中身が伴わないこと。

後《あと》這《は》う蟹《かに》が餅《もち》ひろう

【こんなときに】
・仕事が遅い人や物事をゆっくり行う人を励ますとき

【関連】
・残り物には福がある
・果報はたわけにつく

のそのそ後から這って行った蟹が運よく餌にめぐり合えるように、人に遅れをとる者が幸運にあうことのたとえ。「残り物には福がある」のことわざに意味が重なるが、蟹版の方には劣る者とのニュアンスが込められていて微妙に異なるようだ。どうも、ことわざには弱者、愚者、劣等者などに寛容な面がある。例えば「馬鹿な子ほど可愛い」というのには、人間のマイナス面を優しい眼差しで見守りながら寄り添う姿勢が窺われる。こうした中でもっとも端的なものが、江戸の早い時期からある「果報はたわけにつく」ということわざだろう。小賢しくない愚かに見える者は、人に怨まれたり妬まれたりしないから、心穏やかに暮らせるというものだ。この言い回しは、明治時代には「愚か者に福あり」とも表現されていた。現代は、こうした弱者の味方のようなことわざが失われてきている。

車は三寸の楔《くさび》を以て千里の道をかける

【こんなときに】
・目立たなくとも大事な働きをしている人に

【関連】大小のことわざ
・大は小を兼ねる
・大事の前の小事
・大事は小事より起こる
・小事が大事を生む

小さなものが大きな役割を果たすことのたとえ。楔《くさび》は車の心棒の端に差し込んで車輪が抜けないように止めるもの。このことわざは中国の古典に発し、鎌倉時代の『童子教《どうじきょう》』という一種の子ども向けの教科書にあるものなので、「車」は古代の戦車などで使われた車を指すのだろう。そうした車はしっかりしていれば、千里は誇張にしても相当な遠距離を走ることができよう。その車をしっかり止める役割を果たすのが小さな楔だということ。世の中には、こうした楔が果たす役割に類するものは多々あるだろう。精密な機械や複雑なものになると、何が肝心要か判定しにくくなるだろうが、単純な構造の家具、例えばタンスであれば蝶番《ちょうつがい》などが相当しよう。人間の組織や営みにおいても重要なのは、こうした楔のような存在なのだ。

仕事のないほど辛《つら》い仕事はない

【こんなときに】
・仕事に追われて辛そうにしている人に

【関連】暇のことわざ
・暇ほど毒なものはない
・暇な頭は悪魔の仕事場

職場で勤務に就いていながら、実際の仕事をしていないことは最も辛いものだということ。やるべき仕事が山のようにあって休日もないのも辛いが、意欲も気持ちもあるのに仕事がないのもそれは辛いもの。寝る間も惜しんで仕事したかつての企業戦士たちがたどった歩みには、景気の影響をこうむって閑職、窓際に追いやられ、そしてリストラとなるコースがある。このコースの窓際族の存在が、ここのことわざにぴったり当てはまる。また、それとは少し違う面があるが、やるべき仕事もなく暇をもてあます定年後の生活もたいへんだ。こちらを表すことわざは「楽隠居楽に苦しむ」という。安楽な楽隠居だから時間はたっぷりあるのに、具体的にやることがない。はた目から見る楽が本人の苦になるというのだから、外面と内面が乖離した皮肉な世界のものだ。

鳥疲れて枝を選ばず

【こんなときに】
・仕事を選びすぎてなかなか就職が決まらない人に
・仕事を辞めようかと迷っている人に

【関連】
・すき腹にまずいものなし
・飢えたる者は食を選ばず

生きてゆくには仕事を選んでいるゆとりはないということのたとえ。鳥が長い時間飛べば疲れ、木にとまり休む。その際、疲れきっていれば何の木の枝か、いちいち選ぶゆとりはあるまいと人間様が想像した言い回しで、江戸中期の浮世草子『子孫大黒柱』に「鳥つかれて枝をえらばず、人は身過ぎの為なれば、何をしても恥にあらず」とある。「身過ぎ」は生活していくこと、また、その手段の意。生活のためには、どんなことをしても恥にはならないということ。生きるには食べなければならないが、それが空き腹だと「すき腹にまずいものなし」で食べられれば何でも美味になる。さらに、もっと切迫して飢えに直面した場合になると、「飢えたる者は食を選ばず」となり、食べ物の種類をあれこれいう暇はないということになる。この言い回しは明治期からのものだが、室町期では「飢えては食を選ばず」と表現されていた。現代は職種も多様になり、その選択の幅も大きくなったが、それも景気の動向などに左右され、いざ窮地となれば選択の自由はないのだ。

図はいろはカルタのもので「新案系」と呼ばれる一種のもの。いろはカルタは、京・大阪を中心に西日本で大正時代まで存続した上方系、江戸で生まれ全国的な展開を見せた江戸系が知られる。しかし、実際には上方でも江戸でもない別の系統のカルタが存在していた。これを新案系という。図はその一種で「すき腹にまずいものなし」。

新案系いろはカルタより
「すき腹にまずいものなし」

口が動けば手は休む

【こんなときに】
・仕事中の無駄話をたしなめるとき

【関連】
・口と財布は締めるが得

ぺちゃくちゃおしゃべりに忙しく、仕事をする手が止まっていれば、仕事や作業ははかどらず滞ることになる。そこで、働いているときには無駄口はするなとたしなめるもの。もちろん、いかなる仕事や労働にもことばが不要だとは、少しも言ってはいない。仕事のなかには、落語家やアナウンサーのように、しゃべることを職業とする人も少なくないし、適度な会話が仕事の能率をよくする潤滑油になるケースも多くある。つまるところ、仕事に支障をきたすような無駄なおしゃべりは慎めということなのだ。このことわざは、奇抜な表現も誇張もない、ごく平凡な語句が使われているようみえよう。しかし、よく注意してみると、さりげなく反対語を配置して対照させ、すんなり耳の中に入るように仕組まれていることがわかるのだ。

手があけば口があく

【こんなときに】
・仕事を辞めたがっている人をいさめるとき
・おしゃべりばかりで仕事がはかどらない人に

【関連】仕事のことわざ
・仕事が人を鍛える
・多くの手は仕事を軽くする
・仕事は仕事を教える
・仕事は道具にあり

稼ぐ仕事がなければ生活はできないことのたとえ。また、仕事がなく、暇になってしまうとおしゃべりが忙しくなるということ。「あく」との同音異義の動詞を重ね、巧みに用いたことわざ。前の「あく」は空くで、仕事がないとの意。後の「あく」は開くで、食べられない意となる。江戸時代の近松門左衛門《ちかまつもんざえもん》の浄瑠璃『心中刃は氷の朔日《しんじゅうやいばはこおりのついたち》』（上）で「女《め》夫《おと》の手ばっかりの商売、手があけば口があくで、自づからの御無沙汰」と用いられている。考えてみれば人間の場合、仕事をすることは収入を得てそれで生活するわけだから、仕事は生きることに直結していることになる。こう言ってしまうと抵抗を感じる向きもあろうが、狩猟採集の時代を連想してみればそれほどの違和感はあるまい。ご先祖さまは、日々、手を動かし、口を動かしていたのだ。

夏歌う者は冬泣く

【こんなときに】
・怠け者をいましめたいとき
・いざというときのために備えておくことの大切さを伝えたいとき

【関連】労働のことわざ
・働く者に貧乏なし
・働けば回る
・むさく働いて清く食え
・起きて働く果報者

働ける時に働かないと、働けない時期に蓄えがなく苦しむことになるということのたとえ。草木や作物が育つ時期の夏に仕事をサボれば、作物の収穫はないので冬を越すのは困難になる。大語数を収める大きな辞典には見られるものだが、いつ頃にできたものか分からない。この言葉から連想されるのは、イソップ物語にあるアリとキリギリスの話だろう。夏の暑い日のなかをせっせと働くアリをよそ目にキリギリスは毎日遊び暮らす。やがて寒い冬が訪れると、もうそのあたりには食べ物はどこにもない。アリは夏の間に溜めこんだ食べ物を食べられるけれども、キリギリスの食べるものはどこにもないというもの。この言い回しは古いものではなく、どうやら戦後になってから使われだした若いことわざのようだ。そして、その出所はイソップ物語と見るのが近いのかもしれない。

仕事《しごと》幽霊《ゆうれい》、飯《めし》弁慶《べんけい》

【こんなときに】
・食欲ばかりで仕事ができない人を評するとき

【関連】
・外幽霊の内弁慶
・紺屋《こうや》の白袴《しろばかま》

仕事はからきし駄目なくせに、食べる方は並外れていることのたとえ。足の無い幽霊は江戸時代の有名な画家・円山応挙が描いたものだが、以降の幽霊に足が無いのが定番となる。そうとはいえ、足が無く力も弱い幽霊が仕事をしたとしても全く体をなすまい。対して飯弁慶とは、力の強い巨漢のイメージのある弁慶ならさぞかし大食漢だろうと推定された言い回しだろう。幽霊も弁慶も日本のことわざによく登場するキャラクターだ。数の上では弁慶の方が多いが、どちらも十以上のことわざがある。そのなかで、幽霊と弁慶の両方を登場させているのが、もう一つあって「外幽霊の内弁慶」という。外で弱々しいくせに家ではいばりちらす輩のたとえだ。こうして見ると、弱々しい幽霊と大剛の弁慶は絶妙な対比となっているようだ。

食わせておいて、さて、と言い

【こんなときに】
・楽しく接待を受けていて、思わぬ依頼を切り出されたとき

【関連】
・海老で鯛を釣る
・旨い話には裏がある

人にご馳走をしてから自分の頼みごとを言い出すこと。頼まれた側からすれば、ご馳走になったら、さてっ、と頼みごとを言われたということになる。つまり、ご馳走になった手前、相手からの依頼は断るのが難しい情況にあるので、多少の無理でも承知しなくてはならない立場ということになる。ここの構図は、むろん、ご馳走する側の下心を隠して仕組んだ策略。かつてのバブル期に蔓延した接待などは、これの最たるものだろう。この関係を別のことわざでいえば、「海老で鯛を釣る」に等しい。このことわざこそ、接待の本質ともいえる。そもそも、オイシイ話がごろごろ転がっているわけがないと見るのが、大人としての常識だ。「旨い話には裏がある」と考えるのが、騙されないための世渡りの基本的な心構えだろう。

世間のシジミ　門前のハマグリ

【こんなときに】
・仲間内では威勢がいいのに、社外へのプレゼンなどでは急に元気がなくなる人に

【関連】
・内弁慶

自分の家では偉ぶっていても、世間に出るとからきし意気地がなくなる人のたとえ。同じ二枚貝でもシジミとハマグリでは大きさが何倍も違うことからいう。ひと言で内弁慶《うちべんけい》のことだが、この手のことわざは種々ある。江戸後期の滑稽本『浮世風呂』には「内広がりの外すわり」、すわりは「すぼまり」の意。その他、各地に「内弁慶外鼠《うちべんけいそとねずみ》」（秋田）、「内弁慶外菜虫《なむし》」（福島）、「内弁慶外ナメクジ」（熊本）などとある。これは世界も同じようだ。「家では象、外では猫」（英語）、「外ではハト、内では狼」（バスク語）、「田舎の雄鶏は町に来ると鳴かない」（スワヒリ語）、「家では犬も虎」（インド）、「家でライオン外でキツネ」（アフガニスタン）、「主人の家にいれば犬も王侯貴族」（タジキスタン）、「どの子豚も自分の囲いの中ではイノシシ」（クロアチア）等々だ。

芸は身を助けぬ籠《かご》の鶉《うずら》

【こんなときに】
・身につけた技能が役に立たなくて苦しいとき

【関連】
・芸は身を助ける
・芸は道によって賢し（専門家はその道について最もよく理解している）

身につけた芸が、必ずしもその人の幸せにつながるものではないとのたとえ。江戸時代初期の風俗事典的な絵本『人倫訓蒙図彙《じんりんきんもうずい》』に記述されていた。芸当のできるウズラが籠に閉じこめられ自由を失うことからいう。現代はペットの犬や猫などにいろいろな芸を仕込み楽しむ例に事欠かない。しかし、動物は芸ができたからといっても、それはしょせん、人間のためにすぎない。そこへいくと人の場合は、芸が身の助けになることがあるし、また、それを表すことわざもある。いろはカルタにある「芸は身を助ける」という句だ。この芸は、もともとは遊びや道楽で覚えた芸のことをいったが、今日では趣味で習ったスポーツや稽古事のインストラクターなどが相当しそう。ところが、芸が身を助けると単純に喜べないケースもある。それを表すことわざが「芸が身を助けるほどの不仕合《ふしあ》わせ」。なぜ不幸せなのか。それは裕福なときに身につけた芸を、落ちぶれて仕方なく使わざるを得ない境遇にあるからだ。

ところで、いろはカルタにある「芸は身を助ける」にはたくさんの絵がある。二〇〇年近くも発行されてきたので、何百もの絵札が残されている。絵柄は江戸期から大正時代ころまでは、遊里で身につけた芸を男が披露するものであった。それが、昭和期ころには女が登場し、戦後になると、人物は子どもになり、芸も多様化するように変化した。

いずれも、いろはカルタの「芸は身を助ける」。上は明治時代、下は戦前昭和初期のもの。

夜昼《よるひる》あって立つ世の中

【こんなときに】
・正義を振りかざすことを反省したいとき

【関連】
・善悪は地獄と極楽
・貧福下戸上戸（世の中はさまざまだということ）

相反するものもあってちょうどよいのだということ。ことの良し悪しは別にして、世の中はけっこう反対に相当するものが存在している。善人と悪人、金持ちと貧乏人、出生と死没、利口と馬鹿、空と海、山に谷とあるし、その他、長短、遠近、尊卑、裏表、大小、強弱、内外、高下、損得、真偽、公私、進退など限りなくある。さらに喜怒哀楽のような四字熟語も加算すれば、いかほどになるか想像もできない。ところが、いくら反対のものがあっても、その両方の存在が甲乙つけがたく重要なものとなると激減しよう。大部分のものは、いわば対の概念に相当するもので、同等の価値があるものではないからだ。早い話、ふつうの社会生活を営むにあたって、悪人や貧乏人はいなければそれに越したことがないからだ。

四、家族・友人・人づきあい

「破《わ》れ鍋に綴《と》じ蓋《ぶた》」→*123*

愛は愛を生む

【こんなときに】
・愛情をもって子育てをすることの大切さを訴えたいとき

【関連】愛のことわざ
・長く愛して少し愛して
・愛は屋上のカラスに及ぶ
・愛は惜しみなく与う
・愛は憎悪の始めなり

人に愛されて育った者は、自らもまた、人を愛するようになるということ。また、相手を愛すれば相手からも愛されるというもの。いわば、愛の種を蒔けば愛の実が結ぶという愛の性善説といったものだ。その反対が、憎しみが憎しみを生むというもの。こちらは、小は個人と個人の間であり、大は世界の紛争地帯で見聞されるものだ。愛にしても憎しみにしても、どちらも皆がかかえる重要問題。願わくば愛の問題だけにしたいものの、そうはいかないのが現実だ。愛が大きな愛をもたらすのは相当に困難だが、逆に、憎しみや憎悪は巨大化しやすい。過去の世界の歴史を紐解くまでもなく、悲惨な戦争の傷跡は深く刻み込まれ、新たな憎しみを再生産したり連鎖したりするからだ。せめて、身近から小さな愛を着実に育てたいもの。

合わぬ蓋《ふた》あれば合う蓋あり

【こんなときに】
・パートナーと性格が合わないことに悩んだとき

【関連】
・破《わ》れ鍋に綴《と》じ蓋
・あちらを立てればこちらが立たぬ
・出船によい風入り船に悪い

一方によければ他方に悪いというように、誰にでもよいということはないということ。多くの器があれば、それに合った蓋がある。とうぜん、合わないものは無数にあろう。人間にも当てはまろう。気質とか性質、感性といったものにも関わろうが、なかなか言葉では言いあらわせない点も少なくない。そりが合わない、とか、馬が合わないとの言い回しは、そんなある種の相性という存在を暗示しているのかもしれない。離婚理由の第一位は性格上の不一致。相手の性格なんて結婚する前にわかっているだろうに、と考えるのは部外者の発想。ふつう、結婚するまでの期間は短く、結婚してからの方が何倍も長くなる。離婚には様々な要因があるはずだが、なんといっても長い時間の経過に伴う種々の要因というのが、最大の問題なのだろう。

女房に惚《ほ》れてお家繁昌《いえはんじょう》

【こんなときに】
・妻の大切さを改めてかみしめたいとき

【関連】
・女房と鍋釜は古いほど良い
・女房は家の大黒柱

夫が自分の妻に惚れていればその家は安泰で栄えるということ。俗に男の三道楽と呼ばれるものが「飲む打つ買う」で飲酒と賭博と女遊び。妻側からすれば、どれも困ったことだが、特に女遊びは問題になるだろう。何といっても女としての立場に関わってくるので、事は深刻になる。なので、夫が自分に惚れていればそんな心配もないから女の問題でトラブルも起こらず、結果としてお家安泰となるというわけだ。もちろん、他に飲む打つもあるのだが…。このことわざは、江戸後期の俚諺《りげん》集『諺苑《げんえん》』にあるものだが、女房に関することわざは色々あるので少し紹介したい。

以下三つのグループに分けられるだろう。一番目が女房の価値を高く認定するもの。「女房と鍋釜《なべかま》は古いほど良い」は、鍋や釜は使いこんだ方が馴染むし、女房も長年連れ添えば味わい深くなるというもので、江戸中期から出てくることわざだ。鍋釜は江戸時代では大切な道具であったので、明るい月夜に盗まれることを「月夜に釜を抜かれる」という、甚だしく油断することのたとえであった。あるいは鍋釜の代わりに幅物とした例もある。幅物は書や絵画を掛け軸にしたもので、時代のある古いものが珍重された。掛け軸は客間の床の間に飾られる、本来は仏様を祭る大事な場所だ。家の中で一番大事な場所のその中心が掛け軸というわけであるから、それになぞらえられた妻の存在の重要さは容易に推定できよう。さらに、もっと端的に「女房は家の大黒柱」と家を支える中心的な支えとした句もある。

二番目が、それほどには重要な存在ではないとするもの。「女房は質に置いても朝酒はやめられぬ」「女房の賢いのと東の明るいのとは当てにならぬ」「女房は貸すとも擂粉木《すりこぎ》は貸すな」等、どれにしても存在は低く軽い。特に最後のものは何と擂粉木以下の扱いだ。

三番目が男側からの勝手な願望のもの。「悪妻は六十年の不作」「女房と畳は新しいがよい」「女房と茄子《なす》は若いがよい」と都合のいい言い分、御託がならべられる。総じては、実態とは別に、存在を高くみるものが主流で、他は細々の支流に過ぎないとみられる。

貞《てい》女《じょ》立てたし間男《まおとこ》したし

【こんなときに】
・夫婦って何？と思ったとき

【関連】
・間男を知らぬは亭主ばかり

相反することの間で思い悩むたとえ。夫に対しては貞淑な妻であろうとの気持ちと、それには反して不倫を働く思いとの間での葛藤についていう。間男は女側からの不倫のこと、また、その相手のとなる男をいう。間男がややこしいのは、次のように女にも男にもいうからだ。「貞女立てたし――」は女側の言い分だが、「間男七人せぬ者は男のうちに非ず」とは、七人の人妻と不倫しない男は男としての値打ちがないという男側の勇ましいもの。片や女側でも「間男を知らぬは亭主ばかり」といっている。こちらは、妻の不貞は回りの皆が知っているのに知らないのは夫だけというもの。これらに対して両方にいえるものもある。「間男するは生き盗人」といい、不倫は生き物を盗む泥棒行為だとするのだから、間男はなかなか複雑で文脈から読んで理解するしかないのだ。

色と欲は死ぬまで離れぬ

【こんなときに】
・際限のない欲望に悩まされるとき

【関連】
・頭禿げても浮気はやまぬ
・欲の皮の深右衛門
・欲に頂《いただき》なし
・雪と欲とは積もるほど道を忘れる

色欲と物欲は死ぬまでなくならないということ。同じレベルとは言い難いが、食欲や睡眠は生命維持のために欠かせない。もちろん、人による個人差はあるものの、物欲と色欲は根深いものがあるようだ。その凄さを言い表したのが、このことわざ。さらに、傍証となることわざといえそうなのが、「頭禿げても浮気はやまぬ」で、こちらは当然、色の方。もう一方の欲の方は挙げればきりなくあるものの、ここではユニークなものを挙げる。「欲の皮ほど深い川はない」というもので、人間の皮膚の皮と水の流れの川を掛けたことわざらしいことわざだ。さらに磨きがかけられた作品が「欲の皮の深右衛門《ふかえもん》」と、人名のようなことわざなのだ。人名化されたことわざの代表格だ。「雪と欲とは積もるほど道を忘れる」は、道路の道と人として行くべき道を掛けた、イメージの鮮かなことわざだろう。

金魚の刺身《さしみ》で美しくても食えぬ

【こんなときに】
・見かけ倒しの人や物事を批評するとき
・美しくても手が届かない人を指すとき

【関連】
・花多ければ実少なし
・山高きが故に貴からず
・幽霊の正体見たり枯れ尾花
・羊頭を掲げて狗肉を売る

外見ばかり良くて実質がないことのたとえ。また、舞妓などを金魚にたとえ、美しくても情交の相手にはならないとの意。金魚は中国が原産で後に品種改良して生まれた魚。江戸時代後期には金魚売りも登場し、浮世絵にも描かれたように人気があった。もっぱら鑑賞用であって食用にはならない。仮に活け作りにして見た目は良く作りあげることはできても、食べられないのは同じ。ところで、このことわざがどうして舞妓になぞらえるのだろうか。たしかにだらりの帯をなす美麗な舞妓の着物姿は、尾びれなどが長い優美な琉金の姿と重なろう。しかし、金魚はどんなに美しくても食べられない。この食べられないというのが舞妓と重なるのだ。一般に情交を結ぶことを食べるともいうが、舞妓は客との交わりを禁じられていたからだ。

畑あっての芋種《いもだね》

【こんなときに】
・母と子の影響関係について考えるとき

【関連】
・蛙の子は蛙
・鳶《とび》が鷹を生む
・親の心子知らず

母親が優秀でなければ優れた子はできないとのたとえ。いうまでもなく、精子と卵子が結合して新しい生命が誕生する。このことわざを隠語で表すと、畑が女陰で芋が男根となる。女陰の隠語はそれこそ色々あり、よく知られているのが、まめ、くぼ、赤貝など。ここは子づくりに関することだから、それで畑になったという次第。子供の誕生は、もちろん、卵子と精子の結合にはじまり、子宮で成長して月が満ちて出産とあいなる。出産までの長い間、ずうっと子宮にいるのだから子宮の持ち主である母親の影響は直に受けるはず。さらに出産後も育児の主体は母親であることが多いので、子への影響力は強い。もっとも、科学的には遺伝は染色体のなせるものだから、母親だけの影響というわけではないのだが…。

千金を子に譲らんより一芸を教えよ

【こんなときに】
・子育ての方針に迷ったら
・子供のための貯蓄を考える前に

【関連】
・児孫《じそん》のために美田を買わず
・財は一代の宝
・財宝は身の敵

子供には、たくさんの財産を残すよりも何かひとつの身につく芸を仕込んでやることが大事だということ。もちろん、親から譲られた財産をきちんと管理したり、上手に運用したりする人もあろう。ところが、ことわざの世界では親から子への金の流れには否定的な立場をとるのが普通。「親苦労する、その子楽をする、孫乞食する」とは、親が築いた財産で子は遊びほうけ、孫は落ちぶれてしまうということ。あるいは、西郷隆盛《さいごうたかもり》がいった「児孫《じそん》のために美田《びでん》を買わず」という句は、子孫に財産を残すことは甘やかしになって、はなはだよろしくないというもの。だが、子に残されたものが金ではなく、本人が使える技術であれば、使って減ることも、無くなることもない。反対に新たに金を稼ぎ出すことになるからだ。

藪《やぶ》の外でも若竹は育つ

【こんなときに】
・親と離れざるを得なかった子を励ましたいとき
・子を甘やかす親をたしなめるとき

【関連】
・親はなくても子は育つ
・憎まれっ子世にはばかる

保護する者がいなくても子供は育つとのたとえ。竹藪は毎年、竹の子が生え、成長して若竹となる一方で、枯れたりしてなくなってもいく。竹は横に広く根を張り出すので、なかには藪の範囲から飛び出す若竹もでてくるのだろう。ことわざは、たぶん、こんな情景から生まれたものかもしれない。ここの竹は、もちろん、たとえであるから対象はひとの子だ。S字形の産道のため出産自体が非常に大変なのが人間であるのに、産まれてから成長するにも時間と手間が格段に多くかかる。ふつうは親にしっかり庇護される子も、何かの事情で親から離れざるを得ない場合がある。親を失った子への励ましのことわざとして、「親はなくても子は育つ」や、この「藪の外でも――」のことわざを贈りたいものだ。

子を養いて老いを防ぐ

【こんなときに】
・子供をもつことの意味を見つめ直したいとき

【関連】
・子を生みゃ苦を生む
・子が無くて泣く者はいない
・子に勝る宝なし
・子を持って知る親の恩

子供を養育するのは親の仕事だが、子供が社会人になれば、普通はそこでお役御免となる。とはいえ、そこにいくまで、子が生まれれば、「子を生みゃ苦を生む」「子を持てば七十五度泣く」というように親は子を育てるために限りなく心配し、苦しみを味わうことになる。「子が無くて泣く者はいない」というのは、子供がいなければ、子のために苦労することはないとのこと。反面、「子に勝る宝なし」であるように、「三人の子持ちは笑うて暮らす」ことができるのだ。子供の養育は苦労がある一方で、プラス面も大きい。「子を持って知る親の恩」は、自分が親となってはじめて親という存在のありがたみを知ることだ。表題のことわざは江戸期から使われる珍しいもので、親側の老化防止となる側面を言い当てている。

蜜柑金柑酒《みかんきんかんさけ》の燗《かん》親《おや》は折檻子《せっかんこ》はきかん

【こんなときに】
・親子関係の悩みを笑い飛ばしたいとき

【関連】
・桃栗三年柿八年柚の大馬鹿十八年
・日暈雨傘月暈日傘

親子関係をいう子供のあそび歌。「かん」の音が五つも用いられくり返されている。そのため、非常にリズムのよい響きとなっている。韻を踏んだり、同音・類音をくり返すのはことわざが最も得意とする技のひとつなのだ。なお、これに続けて「嫁を持たせにゃ働かん」とする場合もある。この補充がつくと「かん」の音は六つになって調子が強まるばかりでなく、歌の主題と意味がより明らかになる。このような発想のことわざは数の上では多くはないが、目を惹くものがある。よく知られるものでは「桃栗《ももくり》三年柿《かき》八年柚《ゆず》の大馬鹿十八年」があるし、すべて単語を並べ立てた「日暈《ひがさ》雨傘《あまがさ》月暈《つきがさ》日傘《ひがさ》」という同音の繰り返しの極致のようなことわざもあるのだ。どれにも共通するのは、意味より耳への響きに重きが置かれている点だ。

子供叱《しか》るな来た道じゃ、年寄り笑うな行く道じゃ

【こんなときに】
・育児や老人介護に疲れたとき

【関連】
・可愛い子には旅をさせよ

子供はめったやたらに叱ってばかりいてはならないし、老人を小馬鹿にしてもいけないということ。この解説に補足がいるとすれば、明確な根拠や理由を挙げていない点であろう。つまり、なぜ子供を叱ってはいけないのかといえば、それは自分も同じように悪戯しながら育ってきただろうし、似た体験もしてきたではないかということ。一方、老人のものは、かつては先達として活躍した者でも老いて物忘れも激しくなったり人の嘲笑を買ったりするようなことも起こるが、いずれ近いうちに笑っている自分も同じ立場になるということ。だから、相手を非難がましい目で見るのではなく、許し認める優しさをもって接することを推奨しているのだ。この語句は、一、二の例外を除いてことわざ辞典の類には載っていない。そもそもは関西方面で起こったものらしく、明治生まれの人は口にされて

いた言い回しだそうだ。全国的に知られるようになったのは、永六輔《えいろくすけ》氏が『無名人名録』（一九八七年）で紹介したからであった。

子供への教育に関することわざは少なくないが、多くは厳しく躾けることを推奨している。最も知られているのは「可愛い子には旅をさせよ」だろう。現代は、旅行は人気の高い娯楽なので誤解されている節もあろうが、元来は旅で試練に耐えることが子供にとって有効な教育とみなされたからだ。しかし、日本でこそ旅は教育の手段となったが、外国は違った。英語には Spare the rod and spoil the child.（鞭を惜しめば子供はだめになる）とある他、似た表現が西欧各地にもある。東欧のチェコでは「鞭は地獄から子供を救い出す」とし、中国では「棒は孝行者を出し、甘やかしは不幸者を出す」、お隣の韓国では「可愛い子は鞭で育てる」としている。鞭打ちとか棒叩きのような手荒いもの以外となると、タイの「牛を愛するなら繋ぎ、子供を愛するなら叩け」と、やや穏やかになり、インドネシアの「子供愛するなら歩けと命ぜよ」とあるくらいのようだ。韓国には「子供を大切に思うなら客地《かくち》に送り出せ」というものがあって、日本と同じ発想になっているものもある。

怒れば鬼となり喜べば仏となる

【こんなときに】
・感情の起伏の激しい人と付き合うとき
・親や恩師、上司の厳しさを思い返すとき

【関連】
・可愛さ余って憎さ百倍
・腹立たば手を引け

怒ると鬼のように厳しく、喜ぶ時は仏さまのように穏やかになるということ。怒りとか喜びといっても幅があり、とても一口では言い表せないところがある。感情表現の一つとして喜怒哀楽という言葉があるように、喜と怒は反意語だ。同じように鬼の反意語となれば仏ということには異論はあるまい。思うに、怒りの表情の最高は鬼の形相というものではないだろうか。対する喜びとなると、仏さまのお顔あたりだろうか。ただ、仏さまといっても一くくりにはできまいが、普通のイメージでは阿弥陀像や如来像のお顔を想い浮かべるのではないだろうか。よもや、鬼神である阿修羅像を連想する者はおるまい。喜びの表情が、ほのかな笑みを宿す仏さまであれば、その喜びは、明るく穏やかで慈悲の心に満ちたものなのだろう。

年寄りの強情《ごうじょう》と昼過ぎの雨は止まぬ

【こんなときに】
・頑固なお年寄りにうんざりしたとき

【関連】年寄りのことわざ
・年寄りの冷や水
・年寄りは家の宝
・年寄れば犬も侮る
・老いては子に従え

老人が他人の意見などを聞き入れず頑固にふるまうことをいう。昼過ぎの雨はやまないというのは、気象学からみて妥当かどうか定かではないが、老人が頑固になり易い傾向は確かなようだ。老人の頑固に関しては「老いの一徹」ということわざがある。これは、老人が一度思ったことをそのまま頑強に押し通そうとする気質をいうもの。老人は永い自らの経験の上に立って生きてきており、いつか経験が固定化され、本人にとって不動の確固たるものになる。他方、老いるにつれ、社会や外への関心も薄らぎ、やがて自己の世界にひたりきってゆく傾向も生まれる。その上、子供にかえったように無邪気になり、聞き分けがなくなる。これをことわざで「八十の三つ子」という。こうしたものは、いわば老人の属性ともいえるもので、そのまま受け入れるしかないようだ。

年寄りの孫気違い

【こんなときに】
・孫の可愛さに夢中になって甘やかすお年寄りに

【関連】
・孫は子より可愛い
・孫は目の中に入れても痛くない

老人が孫を見境なくかわいがり、夢中になってしまうこと。孫がかわいいとすることわざは少なくない。「孫は子より可愛い」「孫は目の中に入れても痛くない」「孫の可愛いと向こう脛《ずね》の痛いのはこたえられぬ」とある。エジプトにも「子供よりかわいいのは子供の子供」とある。外国のことわざとしては、同音の子供が三回もくり返された珍しい例だ。孫は育児の面での責任もなく、時折面倒をみたり遊び相手になったりで、ペットのような存在。時としてはペットよりお気楽でいながら、それを超す存在でもある。ペットなら食事や排泄の始末など責任があるが、孫に対してそんな責任も義務もなく、もっぱら楽しみの対象でいられる。それにも増して、新しい命の躍動や、大人には無い幼子の瑞々《みずみず》しい感性に直に接することができる「いいとこ取り」の特権的な立場にあるのだ。

朋友《ほうゆう》は六親《りくしん》に敵《かな》う

【こんなときに】
・親友のありがたさが身にしみたとき
・友情の大切さについて一席ぶちたいとき

【関連】
・刎頸の友
・竹馬の友

親友は血をわけた父・母・兄・弟、並びに妻・子に匹敵する存在であるということ。六親は、別に父・子・兄・弟・夫・婦ともいう。友の存在を高く評価することわざだ。また、親友との濃密なる関係をいう言葉として知られるのが「刎頸《ふんけい》の友」。この言葉は、相手のためであれば、たとえ自分の首が切られようとも後悔することのない深〜い絆で結ばれた友人の意。あるいは、「月の前の一夜の友」というものは、たまたま一緒に月を鑑賞する風雅な交わりをいうもの。さらに、「富は多くの友をつくる」というように金目当ての輩《やから》も友になるし、逆に「貧賤に友なし」というように「金の切れ目が縁の切れ目」でもあるのだから、友も色々。困った時に助けてくれる「まさかの時の友こそ真の友」こそ本物なのだろう。

宝は多くの友を集む

【こんなときに】
・友情が信じられなくなったとき
・羽振りがよくなった途端に友人が増えた人を評するとき

【関連】
・金の切れ目が縁の切れ目
・富は多くの友をつくる

裕福なときは友達がたくさんできるということ。「富は多くの友をつくる」ともいう。このことばは旧約聖書の箴言《しんげん》十九にある一節で、続いてあとに「貧しき者はその友にうとまる」とある。要するに、金目当てに人は集まり、金が無くなれば人は離れてゆくとされている。さりとて、金が支配する世の中であれば、これは仕方のないこと。英語のことわざにも、Prosperity makes friends, adversity tries them.（繁栄は友をつくり、逆境は友をためす）とある。同じようなことは、日本のことわざの「金の切れ目が縁の切れ目」というものが知られる。金が無くなることが、人との縁の関係を無くしてしまうとしている。ただ、日本のものには、金銭目当てで縁ができるとするものではなく、生活を営む基本としての金との認識なので、金を崇めるような卑しい金銭観はないようだ。

垢《あか》は擦《す》るほど出る　あらは探すほど出る

【こんなときに】
・人の欠点ばかりをあげつらう人に

【関連】
・玉に瑕《きず》
・千両の馬にも傷
・叩けば埃が出る

人間にはだれでも欠点や欠陥があるものだということのたとえ。風呂で体を擦れば垢がでる。垢は古くなった皮膚の表面・汗・脂・埃《ほこり》などが混じったもの。あらは、魚などの身を取った後の頭とか骨。また、人の欠点。「欠点のない人はいない」「欠点のないのが欠点」ということばがあるように、人には欠点はつきものだ。一見、無さそうに見えても、あちこち探せば見つかるのが欠点ということになる。同類のことわざに「叩けば埃が出る」がある。近年はあまり見かけなくなったものだが、大掃除の時に畳を叩いてみればきりなく埃が出ることが分かる。つまり、垢にしても埃にしても完璧になくすことは不可能だ。であれば、為しうることは、目くじらを立てず、ほどよい折り合いというものを求めることであろう。

下手な按摩《あんま》と仲裁は始めより悪くなる

【こんなときに】
・よけいなお節介をしないでほしいと思ったとき

【関連】
・後は野となれ山となれ
・明日は明日の風が吹く

何の手も打たない方がましだということのたとえ。技術の拙いあんま治療は、治療を受けるより何もしてもらわなかった方がよい場合もあるのだろう。もし、ツボを押えることもできず揉《も》みまくったりすれば、いわゆる揉み返しになったりして、かえって痛みがでることもあり得る。同じように喧嘩の仲裁も、うまく双方を収めなければ事態を悪化させてしまうかもしれない。えこひいきしたり、強引に裁定したりすれば反発され収拾できなくなることもあるからだ。反対に、上手な仲裁は神様のごとき存在となる。これを、ことわざで「あいさつ（仲裁）は時の氏神」といっている。いったん喧嘩の状態になってしまえば、当人自身が中断したくても上手に終えるのは難しい。そんなときに仲裁者が現れる情況だからだ。

悪かったも勝ったの内

【こんなときに】
・謝ろうと思いつつもなかなか謝れずにいるとき

【関連】
・過って改むるに憚ることなかれ
・誤つは人の性、許すは神の心

自分から謝るのが無益な争いを回避する賢い対処法だということ。悪「かった」に勝ったが掛けられている。日本語の特徴である同音異義語を存分に活かした上で、意味を逆転させるという高度な技が用いられている。子供のうちならともかく、大人になると悪いと思いながらもなかなか自分から謝ることができないものだ。そんなとき、まずは、このことわざを思い起こしてみたらどうだろう。相手が目の前にいると口にしにくいので、声には出さずにだ。そして、やおら、謝罪のことばを口に出す。相手がそれを受け入れれば、結局のところ自分の勝ちとなるという寸法のもの。これに着眼がよく似たことわざに「負けるが勝ち」がある。同じ逆説法だが、掛けことばの要素がある分、表題のことわざの方が優るようだ。

明鏡《めいきょう》も裏を照らさず

【こんなときに】
・優れた人にも欠点や弱点があると知ったとき

【関連】
・弘法にも筆の誤り

どんな賢人でも弱点や至らないところはあるとのたとえ。鏡が映すのは表側だけであるように、たとえば太陽の光が照らすのも太陽に向いている表面だけ。レントゲンのように立体物の中を透写するものはあっても裏側は映せない。ましてや人間では、たとえ天才といえどオールマイティーではない。スポーツ、芸術、技術など、それぞれの分野に天才はいても、すべての分野にわたる天才はいない。全能者は神をおいて他にはないのだ。その神ですら種々雑多。自然の万物に宿るとする八百万の神にはそうした力は宿していない。宇宙を創造した全知全能の絶対者である一神教の神にしか当てはまるまい。ところが、鏡も複数使えば裏側は映せる。人間でも二人いれば可能。従って、ここの話は人間は一人であることが前提。

握れば拳《こぶし》、開けば手の平《ひら》

【こんなときに】
・何事も気持ちの持ち方やものの見方しだいだと思ったとき

【関連】
・丸い卵も切りようで四角

同じものであっても、気持ちの持ち方や情況によって変わってしまうということ。ジャンケンで手の先をグウにすれば石（拳）になるし、パアにすれば紙（手の平）になる。物の見方の問題としてよく引き合いに出されるのがコップの水の例。半分ほどある水を、もう半分しかない、とする見方をとるか、まだ、半分もある、と見るかというもの。いうまでもなく前者は悲観主義であり、後者は楽天主義のもの。これは、本人の性格や価値観などとも関わるので、一概にどちらが良いとか悪いとかはいえない。しかし、何かの問題で行き詰まったような場合、発想の転換を思考方法として身につけておけば、事態の打開につながる可能性がありそうに思えるが、いかがであろうか。その意味で、このことわざは示唆に富んでいる。

理《り》詰《づ》めより重《じゅう》詰《づ》め

【こんなときに】
・相手の理屈っぽさにうんざりしたとき
・けんかで言い負かされそうになったとき

【関連】
・智に働けば角が立つ
・理に勝って非に落ちる
・理屈と膏薬はどこへでも付く

詰め物をいただくなら、理屈だらけのものより重箱に入った美味しいものがよいということ。「理詰め」は理を言い立て理屈詰めにすること。「重詰め」は重箱に入っている料理。重箱は、五十年以上前くらいはどの家庭にもあったものだが、いまは「おせち」「うな重」くらいしか使われていないのではあるまいか。台所から洋風のキッチンに変わるに伴い、趣のある重箱から、味わい薄い、密閉度の高いプラスッチック製品に、取って代わられてしまった。ところで、理屈っぽい、屁理屈、理屈屋など、あまり芳しくないのが理屈。なぜ理屈は好かれないのだろうか。例えば、理屈に関連する理路整然は、褒めことばではあるものの、その理が勝ち過ぎれば反論・反駁《はんばく》を許さず、相手は感情として得心できない、ということではあるまいか。

心は丸く爪《つめ》は角《かく》

【こんなときに】
・人付き合いの極意を身につけたいとき

【関連】
・丸くても少し角あれ
・丸くとも一角あれや人心
・和して同ぜず

人との付き合いは、普段は温厚かつ円満にしておきつつ、いざという時の場合も考え油断なく過ごせということのたとえ。人間の性格として丸く温厚なことは、褒められこそすれ、貶《さげす》まされるものではない。しかし、温厚一辺倒では、組しやすしと思われ、甘くみられるから、武器となる爪は角ばらせておけということ。丸と角の対照的な単語を配置して、語意の印象が強められている。幕末に成立した江戸の三大辞書のひとつである『俚言集《りげんしゅう》覧《らん》』に収録されている言い回し。このような人間関係の築き方をいうことわざは、類句が他にいくつかある。「丸くても少し角あれ」は主語の心を省略した言い回し。それを句に仕立てたのが「丸くとも一角あれや人心」で、さらに続けて「あまり丸きは転びやすきぞ」と補う言い方もされる。

茶《ちゃ》の花香《はなが》より気《き》の花香《はなが》

【こんなときに】
・おもてなしの心を学びたいとき

【関連】
・米の飯より思《おぼ》し召し

人をもてなすのは香ばしいお茶を出すことより、相手を思いやる心持ちが大切だということ。花香とは茶の香気のこと。人の気持ちを茶の香気になぞらえた、芳しいばかりの素敵なことわざといえよう。江戸中期の『譬喩尽《たとえづくし》』という江戸期最大のことわざ集に見られるものだが、ことわざとしては、ほとんど広まらなかった。物より気持ちが大事とすることわざは他にもいくつもある。贈り物の場合では「志《こころざし》は木の葉に包め」という。これは、贈る側の真心がこもっていれば、たとえ木の葉に包むほどのわずかな物であっても、また品の良し悪しにかかわらず、それで構わないということ。このことわざは、江戸初期から言われだして各種文芸類に広範にみられる。いわば、贈り物のことわざの代表格ともいえる存在のものだ。

五、風土・文化・歴史

「雪月花は一時には見られない」→*163*

花咲く春に逢う

【こんなときに】
・努力が世に認められ、これから活躍しようとしている人に

【関連】
・順風満帆
・兎の登り坂
・水を得た魚
・得手に帆を揚げる

世間の評価を得て手腕を発揮するようになることのたとえ。ひと口に花といっても多種多様。普通は咲かない冬に咲くものもあれば、季節を問わず咲くものもあろうが、春咲く花こそ一番。これを表す言葉として春爛漫《らんまん》という表現がある。花々があたり一面に満ち溢れ、明るく光り輝く様子を指している。決して夏爛漫とか秋爛漫とはいわないのだ。これが比喩として使われれば、新しく命が芽吹き、力強く成長して開花する生き生きとした様から未来への明るい希望を表すものになるのだ。このことわざは、平安時代の歌集『拾遺和歌集』の凡河内躬恒《おおしこうちのみつね》の歌「みちとせになるてふ桃の今年より花さく春にあひにける哉」（長いこと経つ桃の木が今年になって花開き世に認められた）に基づいている語句なのだ。

時節《じせつ》の梅花《ばいか》春風《しゅんぷう》を待たず

【こんなときに】
・梅の花が咲いたとき
・自然のうつりかわりの不思議を思ったとき

【関連】
・柳は緑花は紅

自然によって起こる現象は、人知の遠く及ばないものだとのたとえ。梅の花は季節の訪れに伴い開花するのであって、春風が吹いてから咲くのではないというもの。もちろん、これは梅に限ったことではない。どの花にも開花の時期があり、雨風に関わりなく花をつける。大きな自然のなかに懐《いだ》かれて生きる人間ではあるが、人間にとっては自然の脅威といえるものが多々ある。特に災害列島とのありがたくない呼び名もある日本は、様々な脅威にさらされてきた。このことわざは、室町時代の応仁の乱を記述した十五世紀の軍記物『応仁記《おうにんき》』に見られる言い回しで、江戸時代でも著名な噺本《はなしぼん》『醒睡笑《せいすいしょう》』で用いられていた。だが、俚諺《りげん》集には長らく収録されなかったが、明治の終わりになって『諺語《げんご》大辞典』で認められた。

花も時節《じせつ》を待ちて咲く

【こんなときに】
・せっかちな人に、よい時機を待つよう諭すとき

【関連】
・待てば海路の日和あり
・急いては事を仕損じる
・鳥もとまり時

物事を行うにはふさわしい時機があり、それを見定めて行動に移せとのたとえ。異常気象とか、何か変調が起きなければ、花は開花する時季がくれば咲く。人間の場合、残念ながらというか、植物のように確たる自然の摂理に従って生きてはいない。とりわけ、都会に住む者にとって、はっきりとした季節感を味わうことはたやすいことではない。ましてや、季節とか時期とかが不確かなものの場合、適確な判断を下すのは容易ではあるまい。さらに言えば、チャンスとなるものの捉え方にも重なるだろう。草木が花を咲かせるにも、いわば準備がある。春になり芽を出し徐々に成長し、そして咲かせる時機の到来を待っているからだ。芽吹きなしには花は咲かない。当然ながら、これは人も同じ。無から有は生じないからだ。

根が無くても花は咲く

【こんなときに】
・事実無根の噂《うわさ》を耳にしたとき

【関連】
・火のないところに煙は立たず
・人の口には戸が立てられない

根拠となる事実がなくても噂は広まるとのたとえ。花瓶《かびん》に挿《さ》した花のほとんどは根がないだろう。だが、何日も花はしおれず咲いている。もちろん、自然界では根の無い花が咲くことは、そうはあるまい。人の噂の方は、根拠となる事実がある場合と無い場合がある。それは「火の無い所に煙は立たず」とのことわざから知れる。この煙版は明治期に西洋から入ってきたものだが、両方の場面に用いられている。たとえば、実際に落ち葉での焚き火では、火は見えなくても煙は立つ。むしろ、火が見えない方が煙はもくもくとあがることもあるし、長い間いぶっていることも多々ある。むしろ、火種の火が見えて煙がでる方が少ないのではないかとさえ思われる。なお、表題のことわざは、明治四十年の『滑《こっ》稽《けい》新聞』一五二号「日本俚諺《りげん》大全」に載った、読者の投書から。

山吹《やまぶき》は花は咲いても実がならぬ

【こんなときに】
・外見ばかり立派で中身が伴わない人を評するとき
・SNSで自慢ばかりする人を見かけたとき

【関連】
・あの声でトカゲ食らうかホトトギス（人や物事は見かけによらない）

外観は素晴らしいのに中身が乏しいことのたとえ。春爛漫《はるらんまん》の折に、鮮やかな黄金色の花で彩り、春の季語となっている山吹には、気品、崇高、金運などの花言葉があるように非常に気高いイメージがもたれる。コガネ色との名称も、見事に咲く山吹の花の金色に由来するといわれる。

このことわざは『後拾遺和歌集《ごしゅういわかしゅう》』に載る古歌に基づいている。「七重八重《ななえやえ》花は咲けども山吹のみのひとつだになきぞあやしき」との歌のことなのだが、これには有名なエピソードがあった。江戸城の築城で有名な太田道灌《おおたどうかん》が鷹狩りでにわか雨にあい、蓑《みの》を借りに立寄ったみすぼらしい家の少女から差し出されたのが一輪の山吹の花だった。山吹に実のないことと、人に貸す蓑が一つもない貧しさを掛けた、みごとな歌だった。

野《の》菊《ぎく》も咲くまではただの草

【こんなときに】
・自分に自信がなく才能がないと思っている若者に
・試験などに失敗した人を励ますとき

【関連】
・大器晩成
・栴檀《せんだん》は双葉より芳《かんば》し

人の能力は最初からわかるものではないというたとえ。野原や道端に生えている草や木がどんな花を咲かせ、実を結ぶのか、正確にわかる人は多くはあるまい。わかるのは専門家や相当入れ込んだ趣味人ではないだろうか。野菊といえば、明治期の歌人・伊藤左千夫《いとうさちお》の小説『野菊の墓』が連想されるが、野菊という植物の種はなく、野に咲くいろいろな菊の総称だという。普通の野菊のイメージとしては、文部省唱歌「野菊」で歌われているように薄紫色の花が咲く、ヨメナという植物が当てはまるようだ。野菊に限らず、野に生える草は数知れずある。人の場合、遺伝などの要素もあるものの、環境や運、時代状況などによって本人の才能が左右されるケースも稀とはいえない。本人の努力等によるところも大なのだ。

紅葉《もみじ》に置けば紅《くれない》の露《つゆ》

【こんなときに】
・どこに行っても映える美女を評するとき
・環境に調和する美を評するとき

【関連】
・立てば芍薬座れば牡丹歩く姿は百合の花
・門前の小僧習わぬ経を読む

環境や情景によって見た目や外観が変わることのたとえ。真っ赤に紅葉した葉の上に降りた透明の露であれば赤い水滴に見えることからいう。それにしても、何という秀麗な観察眼であろうか。歌心を誘い、詩情をそそる情景描写ではないか。万とある日本のことわざの中でも際立って優美なことわざといえよう。ことわざの表現には種々の工夫がこらされているが、多くは口調の良さとか聞いて心地よく響くリズム感のあるものだ。もちろん、色々なイメージを喚起するものも数多い。しかし、美的なイメージにつながるものとなると著しく少ないようだ。「立てば芍薬《しゃくやく》座れば牡丹《ぼたん》歩く姿は百合の花」は美的なものとしては代表的なことわざといえようが、江戸中期の俚諺《りげん》集『譬喩尽《たとえづくし》』にある「紅葉に――」は、もっと奥行きがあるように感じる。

紅《くれない》は染むるに色を増す

【こんなときに】
・勉強や仕事にくじけそうになったとき
・物事がなかなかうまくいかないとき

【関連】
・石の上にも三年
・成らぬ堪忍《かんにん》するが堪忍

紅の色は最初は薄く、何回も染めて行くに従い色濃くなってゆく。染物の技術から出た色彩感のあることわざの一つで、この紅染めのように、ものごとは根気つよく繰り返すことが大事だということ。我慢とか忍耐が大事だということわざは数多い。なかでも「石の上にも三年」はよく知られている代表格だし、「成らぬ堪忍するが堪忍」も有名。それに対して「紅は―」は、染める度に紅色の濃さを増すという彩り豊かで印象深いことわざだが、大部な辞典以外には見られない。そもそもが、ことわざ集では江戸期一番の収録語をもつ『譬喩尽《たとえづくし》』ということわざ集にだけ見られた珍しいものなのだ。それでも江戸期前に先行した表現もあるにはあった。それが、「千入《ちしお》に染むる紅も染むるによりて色を増す」。千入は何回も染めること。

日月《じつげつ》は曲がれる穴を照らさず

【こんなときに】
・正直であることの大切さを訴えたいとき
・正義とは何かがわからなくなったとき

【関連】
・神は正直の頭に宿る
・天網恢恢疎にして漏らさず
・馬鹿正直も馬鹿のうち
・正直者が馬鹿をみる

太陽や月の光は曲がった穴の中には差し込まないことから、不正な者には恩恵は与えられないとのたとえ。人の手で真っ直ぐに掘った穴程度の深さであれば、底まで光はとどくが、横に曲がったり斜めであったりすれば光はとどかない。真っ直ぐな穴を人間の人生行路になぞらえている。同様の意味のことわざには、「神は正直の頭《こうべ》に宿る」が鎌倉時代からよく使われてきた。さらには、「天網恢恢疎《てんもうかいかいそ》にして漏《も》らさず」という悪人は天罰を受けるとしたものもよく知られていた。一方で、「馬鹿正直も馬鹿のうち」と、正直であることがまっとうに評価されなかったり、「正直者が馬鹿をみる」と、正直がその人の損になるという社会の矛盾を突いたりする言い回しも知られる。それでも、世渡りには「正直は最良の策」と信じたいものだ。

湧《わ》く泉にも水枯《みずが》れあり

【こんなときに】
・限りある資源の大切さを考えたいとき
・物事には限度があることを伝えたいとき

【関連】
・一升瓶に二升は入らぬ
・二人前は働けぬ

どんなものにも限りはあるとのたとえ。こんこんと地底から湧きつづける泉でも、水脈に異変でも起これば情況は変わるはず。場合によっては枯れることもあろう。火山も、噴火や火山活動などによって山が吹き飛んだり、新しい山をつくったりする。これは湖や沼の場合も同じだろう。ましてや、湖よりはるかに規模の小さい泉であれば、こうむる影響は湖や沼の比ではないはず。一日にして消失することだってあり得るだろう。もちろん、ここでの山や泉は比喩だが、限りのあるものは限りなくある、との逆説的な言い方が真理であるとの見方は可能であろう。きれいな空や清らかな水、ひかり輝く金銀宝石、人類につくす石油・石炭・鉄などの鉱物。地球の内と外のあらゆるところに存在するものすべてにあてはまるのかもしれない。

風雨震雷《ふううしんらい》は天地の御政事《ごせいじ》

【こんなときに】
・自然災害の恐ろしさを痛感したとき

【関連】
・地震雷火事親父
・天災地変
・天変地異

強風・洪水・地震・落雷による災害はすべて自然のなすところで、人の力や知恵では防ぐことができないということ。世の中の恐ろしさをいうことわざとして「地震《じしん》雷《かみなり》火事《かじ》親父《おやじ》」がよく知られる。ここでの、火事を落雷による山火事とし、親父を通常とは異なる風のことと解釈すれば、自然災害の恐ろしさをいうことわざになる。この両方に出てこないのが津波だ。従来のことわざ辞典にあるものは「津波が来る前には蟹が盛んに移動する」「津波の前には井戸水が異常に濁る」だけ。辞典以外に、東北地方に伝わる「津波てんでんこ」が知られるようになったにすぎない。災害大国たる日本に住む者にとって、苛烈きわまる自然災害と共存するしかない中から、津波対策を講じる新しいことわざが求められよう。

天から横に降る雨なし

【こんなときに】
・人間の善の心を信じたいとき
・人間不信、疑心暗鬼に陥っている人を励ましたいとき

【関連】
・渡る世間に鬼はなし
・人を見たら泥棒と思え

人の性は本来善であるということ。雨は強風がなければ上から下へ真っ直ぐ落ちる。その雨のように人というものは善なるものだとする、いわゆる性善説をいっている。見出しは明治時代にいわれた言い回しであるが、中国の古典『孟子』にある「人の性の善なるは猶《なお》水の下《ひく》きに就《つ》くがごとし」をヒントか元にしているように考えられる。江戸時代には「人の性は善なり」といわれた。このような性善説を唱えることわざは多くなく、むしろ少数派。現代でも有名な「渡る世間に鬼はなし」の古い言い回しとなる、「世に人鬼なし」「人に鬼は無い」、こんな程度だ。反対のものとなると、「人ほど怖いものはない」「人は人にまで狼」「人の心山川《さんせん》より険し」「人を見たら泥棒と思え」「人は怖いものと思え」などがある。

谷の流れも雨降れば濁《にご》る

【関連】
・水上濁って流れ清からず
・泥中の蓮

美しく清らかなものでも汚れることがあるとのたとえ。山深い谷川の清流であっても一度雨が降れば、土砂が川に流れ込み濁ってしまう。人の生涯であっても同じことがいえるだろう。清く正しく順風満帆な歩みの人生でも、長いうちには様々なことが起こる。だまされたり詐欺にあったりもしよう。被害者の立場に限らず、時には人を傷つけたり加害者になってしまったりすることもあるだろう。被害なら相手への恨みや憎しみを生むし、加害なら自分の人格を損ねるから、どちらにしても自身の身は汚れてしまう。とはいえ、雨が谷川に降り注ぐことは何度もあるように、長い人生にトラブルはつきものなのだから、問題は、その対処法であろう。このことわざに見られるような自然観が根底にあれば、次の手も浮かんでこようか。

月《つき》雪《ゆき》花《はな》に酒と三味線

【こんなときに】
・風流について語りたいとき
・実現不可能な理想を言う人をからかいたいとき

【関連】
・雪月花は一時には見られない
・月雪花を一度に眺める
・芸術は長く人生は短し

みなそろえば風流として満点であるということ。どうしてこれがそろえば満点なのだろう。その理由を示していることわざが、「雪月花は一時には見られない」というもの。月が見えるのは夜に限られるし、雪は冬、梅や桜は春だから、全部を一度には見られないというわけだ。ところが、このことわざは自然の風雅な楽しみに加え、味覚の酒と聴覚にうったえる音楽までそろうとの〝万全派〟のものだ。もちろん、これは風流人の最大の願望であるから現実とは違う。現実には、月、雪、花とそれぞれひとつずつ鑑賞するだけでも十分に風流であるし、そこに酒と三味線が入れば、現代では十分過ぎるくらいなのだ。ともあれ、人間は欲の動物であるから仕方がない。「月雪花を一度に眺める」とのよい事づくしを願ってやまないのだから…。

雪中《せっちゅう》に炭《すみ》を送る

【こんなときに】
・困難な状況に置かれている人々を援助したいとき
・ボランティアの精神を思い起こしたとき

【関連】
・敵に塩を送る
・困ったときはお互いさま
・干天の慈雨

大雪が降るところへ暖まる炭を送ることから、窮状にある者に対して援助の手を差し伸べることのたとえ。このことわざは元々は中国に伝わる古い言い回しであったが、一九八〇年以降の日本の対中国ODAに対する評価として用いられるようになったもの。その後、平成になってからも災害支援への感謝を表す言葉として新聞などで紹介され、一般に知られるようになった。類義のものに、争っている相手に対して援助をする行為は「敵に塩を送る」といわれる。こちらは、戦国時代の武将・上杉謙信が敵として戦っていた武田信玄が直面した窮状に対して、それに付け込むのではなく、反対に援助の手を差し出したとの故事で、歴史上の美談として有名。「困ったときはお互いさま」の精神が住みよい社会の根幹なのだろう。

民《たみ》の口を防ぐは川を防ぐよりも甚だしい

【こんなときに】
・民衆の言論の力を思い知らされたとき

【関連】政治のことわざ
・苛政《かせい》は虎よりも猛《たけ》し
・綸言《りんげん》汗のごとし
・民の声は神の声
・女房鉄砲仏法（世の中に平穏をもたらすもの三つ）

人々の言論を力をもって封じ込めることはできないというたとえ。それは川の水をせきとめ流さないようにするより難しいというもの。ここの川を水にした言い方のものもあり、どちらも中国の古典にある古い言い回し。日本でも鎌倉時代からいわれていた。古代や中世にあっても人々の言論を封殺することは困難であり、政策としても得策なものではなかったということだろう。国家の強権によって一時的には言論を抑えることはできようが、いつまでも長く続くものではない。抑えられた人々の不満は憤懣《ふんまん》になり、制御できなくなるからであろう。これほどの優れた統治術が存在していたのに、残念ながら実行に移されてこなかったのが世界の歴史なのかもしれない。

一年の兵乱は三年の飢饉《ききん》に劣る

【こんなときに】
・戦争の悲惨さ、むごさを伝えたいとき

【関連】
・三度の飢餓に遭うとも一度の戦いに遭うな
・十年の餓死に遭うも一年の戦争に遭うな

一年間の戦乱は三年間の飢饉より悪いものだということ。飢饉は農作物の不作で食べ物が不足することなので遠い昔のことと思いがちだが、二十一世紀の現代でも世界のどこかで起こっているのはまぎれもない事実。その多くは国家が関わる戦争が大きな原因だ。この言い回しは明治三十九年に出た俚諺《りげん》書『日本俚諺大全《りげんたいぜん》』に載ったものだが、似た表現が幕末期から存在していた。福島の百姓一揆の指導者である菅野八郎《かんのはちろう》の『八老独年代記《はちろうひとり》』（慶応四年）に世話（ことわざの異称のひとつ）として援用されているもので、「七年の餓死に遭《あ》うとも一年の乱に遭うべからず」という。飢餓《きが》状態が七年続く方が戦乱よりましだとしているのだから、これ以上に激烈な反戦思想を言い表したものはあるまい。もちろん、戦争にしても全員が死ぬわけではないから、一概に餓死より酷いとはいえない、との反論はあるだろう。しかし、大事なことは理屈をこね回し、並べ立てることではない。このことわざが特筆されるのは、幾多もの悲惨な飢餓の歴史をもつ江戸時代にすでに存在していたということであり、そうした歴史の重さを有しているからなのだ。

ことわざには、「出る杭は打たれる」「長いものには巻かれよ」「泣く子と地頭には勝てぬ」「寄らば大樹の陰」といった消極主義、体制従順指向、事大主義を表白したものも少なくない。遊びの文化で知られる歴史家ホイジンガは、『中世の秋』の中で、ことわざは諦念に満ち、反抗を説かず、諦めを勧める、と述べている。たしかにホイジンガが言っているのもことわざの一面の真実だろう。ただ一方で、世界には無数ともいえる数のことわざが存在し、内容も森羅万象に及び、多様性に富んでいる。消極主義のことわざは、その一部にすぎないことを忘れてはなるまい。

表題のことわざには、他にも類句がある。「三度の飢餓に遭うとも一度の戦いに遭うな」(『気仙郡誌』)「十年の餓死に遭うも一年の戦争に遭うな」「七度の餓死に会うとも一度の戦に会うな」とあり、明治末期から戦後までいわれていた。このような反戦思想のことわざ群が存在することは、世界に誇れる日本のことわざの金字塔といえるのではないだろうか。

大軍に関所なし

【こんなときに】
・大衆の力、世論の力を思い知らされたとき

【関連】
・団結は力なり
・みんなでやれば怖くない
・多勢に無勢

大軍勢を押し留めることはできるものではないということ。関所は、交通の要所などに設けられた通行人や貨物の出入りをチェックする昔の施設。江戸時代は、幕府によって外から入る「入り鉄砲」と出てゆく「出女」が特に警戒されていた。厳重な警戒態勢にあった関所を突破するのは、容易なことではなかった。それでも、これに大軍が立ち向かうというのであれば話は別。一人一人の力は弱くても、大勢が集まれば強大になる。「団結は力なり」であり、「みんなでやれば怖くない」のだ。一般的にいっても、巨大な勢力のものに弱小のものが立ち向かったところで勝ち目はまったくない。これはことわざでは「多勢に無勢」といっている。大きな相手の力を削いだり対抗するには、視点を変えたり、別の方策を講じたりする必要があるのだ。

強き者戦いに勝つにあらず

【こんなときに】
・自分の力を上回る強敵に立ち向かうとき
・意外な勝負の結果を評するとき

【関連】
・柔よく剛を制す
・小よく大を制す

力の強く勝る者が必ず勝つとは限らないとの意。戦いには、本人の力以外の運のようなものが少なからず関わるからだ。この言葉は『旧約聖書』の「コヘレトの言葉」九の十一に見えるもの。そこには、「足の速い者が競走に、強い者が戦いに必ずしも勝つとは言えない」とある。日本にも似た意味の「勝負は時の運」(『太平記』十五)との言い回しがあり、運不運が勝負を左右するといっている。大昔の戦いでさえ勝敗は運不運がものをいったわけなのだから、複雑極まりない現代にあっては、何を以て強者とするか断定めいたことはいえない。では、弱者が勝つのかといえば、確率的にそれは低いといえる。基本的には強者は弱者より強いのだが、時には本人の力の及ばぬところで負けることもあるというのだ。

金を奪う者は殺され国を奪う者は王になる

【こんなときに】
・国家の正統性について考えたいとき
・正義や善悪の本質を考えたいとき

【関連】
・鉤《かぎ》を盗む者は誅《ちゅう》せられ国を盗む者は諸侯となる
・米食った犬が叩かれず糠《ぬか》食った犬が叩かれる

同じ強奪者でも、レベルによって評価はまるで異なるものになるということ。力づくで金を奪う者はどこへ行っても強盗。ところが国という大きな存在を奪う者は立場で異なる。一方の側からは英雄であり、他方からすれば略奪者。ここでの金の評価は国に較べてはるかに低い。ということから、強盗は小悪で、王は大悪ということになる。たしかに世界の歴史を顧みれば、国家はこうして形成され拡張してきたともいえようか。ところで、このことわざは我々庶民には関係ないようだが、決して無縁ではない。「トカゲの尻尾切り」ということわざを思い浮かべてほしい。こちらは上層者が下っ端に罪をかぶせ自己保身をはかる意。つまり、上の者は安泰で下の者だけが罪をかぶるわけだから、あい通じるところがある。こちらなら案外、身近にありそうだ。

刀は抜かざるに利あり

【こんなときに】
・暴力のむなしさを伝えたいとき
・平和の実現のための方策を考えるとき

【関連】武器のことわざ
・刀は武士の魂
・弓も引き方
・下手な鉄砲も数撃ちゃ当たる

武力に任せずに事を収めるのが良いとのたとえ。武器の威力で相手をやっつけ従わせても、将来長く相手を従わせられるわけではあるまい。武力の一時的な威圧に逆らわなかったに過ぎないかもしれないからだ。そんな一時的なものより、末永くたがいが親しみ、穏やかな心を持ちながら共存する道を見出して行くことこそが大事であろう。刀が出てくるので遠い昔の話と思われがちだが、まさしく現代の世界的な戦乱情況にもぴたりと当てはまる。直接的に武力をもって相手を屈服させても、その時は従うものの、そのうちに、反抗の姿勢を示すのが世界の近代の歴史だ。やられたらやり返す報復の論理による負の連鎖は、断ち切らねばならないのだ。

火で火は消えぬ

【こんなときに】
・暴力のむなしさを伝えたいとき
・平和の実現のための方策を考えたいとき

【関連】火のことわざ
・火は水に勝たれぬ
・火のないところに煙は立たず

力に対して力で応じても争いは収まらないということのたとえ。「火にて火は消えず」ともいう。燃え盛る火事を消すには水をかけるしかない。焚き火や小さな火であれば砂をかけたり布団をかぶせたりして消すこともできるが、激しく焔を出して燃えているものに別の燃えているものが加われば、火焔は倍加することはあっても消えはしない。同じことが特に軍事力の場合に当てはまろう。例えばA国がB国に軍事行動を起こした場合、B国は、たとえ防衛のためであっても自軍を動かせば戦争になる。この争いの場合の解決は二つしかない。どちらかが戦闘で勝つか、第三者による介入ないし、調停などによる和睦かだ。もちろん、最初は争っていて途中で戦闘が止む場合もあるが。

現代の現実として、世界の各地で起こっている紛争は、どれも大なり小なりの軍事的衝突であることに違いない。他方で、軍事衝突を回避する手立てとして、軍事的暴力や国家権力に対する市民による言論抵抗という方法が対置できよう。これを火事の比喩に置き換えれば、火事である暴力・権力には、非暴力の言論抵抗が水となる。ただし、ここの水は、軍事的・国家的な強圧に対する市民の言論抵抗の輪が大きな存在になって、はじめて役割を果たすものだろう。間違っても「焼け石に水」の水の如きものであっては全く意味をなさない。その意味で、ここの水は大勢の人の力が結集した満々たる水量であることによって軍火に対抗できるものとなる。

なお、一見すると矛盾するような言い回しもある。「火は火で治まる」ということわざだ。こちらの「治まる」は消えると同意なので、まさしく矛盾していることになる。それでいて意味はまったく異なって、同類のものへの対処は同類のものが適しているといっている。後者のことわざの情景は、燃え広がっている野原の火を消すには、付近の草を焼き払ってしまえば延焼は防げるというもの。たしかに、これから燃える草を先に燃やしてしまえば燃えるものがなくなり、火は消える。両者は上手に使い分けたいものだ。

釈迦《しゃか》に宗旨《しゅうし》なし

【こんなときに】
・くだらない派閥争いにうんざりしたとき
・争いの絶えない世の中の根本を見つめ直したいとき

【関連】釈迦のことわざ
・釈迦に説法
・釈迦にも経の読み違い
・宗論はどちらが負けても釈迦の恥

派閥争いはくだらないものだとのたとえ。釈迦は仏教の開祖であるので後からできる宗派には属さないから、宗派間の争いと無縁。人間の本能なのか属性なのかわからないが、人が集まると群れを成し、派閥のようなものができる。とりわけ政治の世界に派閥はつきもののようだ。「三人集まれば派閥ができる」との言い回しもあるそうだ。派閥はすべてマイナスなものではないながら、弊害やマイナス面が強すぎる。残念ながら、これは政治の世界に限らず、慈悲や寛容をうたい文句にする宗教の場合にも当てはまる。異端派や異教徒に対する凄まじい迫害・抗争の歴史は、そのまま宗教史における血の歴史であるともいえよう。なぜ、悲惨きわまる歴史が繰り返されるのだろうか。人々の救済を大義とする宗教であるから、神の名の下に行為が正当化されるのであろうか。

仏に刻《きざ》めば木も験《げん》あり

【こんなときに】
・神様仏様にすがりたいとき
・信仰心について批評したいとき

【関連】
・鰯の頭も信心から
・下駄も仏も木のきれ

つまらない物でもあっても信仰の対象になれば霊験が現れ、ありがたいものになるということ。同義で衆知のことわざが「鰯の頭も信心から」だ。日本の仏像は土・木・金属・石・漆などを素材に金箔したり彩色を施したりして造られるが、木を彫ったものが多い。つまり、ありがたい仏様でも本をただせば木ということになる。それもあってか「下駄も仏も木のきれ」とのことわざもある。こちらの意は、ものの尊卑はその境遇にあるのであり、根本は変わるものではないというもの。「仏に刻めば―」は、江戸期最大の俚諺《りげん》集『譬喩尽《たとえづくし》』にあるもので、「神も祭れば石も崇る」と続く。ただの石もご神体になれば崇められるというわけだ。物事を斜めから見るもので、皮肉な雰囲気がただよう、ことわざらしいことわざだろう。

仏《ほとけ》に方便《ほうべん》 聖人に権道《けんどう》

【こんなときに】
・目的を達成するために臨機応変な対応を考えたいとき

【関連】手段のことわざ
・嘘も方便
・目的のためには手段を選ばず
・卵も切りようで四角
・イタチの最後っ屁

目的が正しければ、達成するための手段は臨機応変にすればよいとのたとえ。方便は仏教で衆生を教え導くための便宜的な手段。権道は目的達成のための便宜的手段。要するに仏は方便で、聖人は権道で民を教化するとのこと。何事も正論で済むならば問題はないのだろうが、実際にはなかなかそうは行かない。それもスポーツの世界のことであれば、正攻法で行かなくても非難されることは全くないのだが…。とりわけ重大なのは国政や国際政治に関する問題だ。現代の戦争の主たる要因は、民主主義とか平和をつくりだすためとの美名にあるといっても過言ではあるまい。制覇、征服を標榜して始められた戦争はないからだ。目的の正しさが、多角的かつ市民のレベルで十分に議論されつくしてから、手段が遂行される必要があるのだ。

苦しければ鶉《うずら》も木に登る

【こんなときに】
・底力を出して逆境を突破したいとき
・ピンチに意外な力を発揮する人を評するとき

【関連】
・火事場の馬鹿力
・窮鼠猫をかむ
・苦しいときの神だのみ

苦しいときには人はどんなことでもやるものだ、とのたとえ。鶉は卵が食用になることから現代でも知られる草原の地にすむ鳥の一種。翼はあるものの飛べない。飛べないので樹上生活はできない。そんな鶉でも、苦境の際には普段はやらない木に登ってしまうというのが、このことわざだ。もちろん、これはたとえなので、実際に鶉が木に登るかどうかは一切関係ない。こうした危急に遭遇したとき、本人もびっくりする力を発揮する事柄を言い表すことわざもある。その代表的なものが「火事場の馬鹿力」。一人ではとうてい持つことも運ぶこともできないタンス等を運んでしまうというのだから凄まじい。見方を変えていえば、いざっというときには普段は隠れていた能力が覚醒するのだともいえる。

どこの鶏《にわとり》の声も同じ

【こんなときに】
・ものごとの普遍性を考えるとき
・人の本性を見つめ直したいとき

【関連】
・どこの烏も黒い
・どこの鶏も裸足《はだし》
・どこの国でも屁は臭い
・どこの烏も黒さは変わらぬ

同じものはどこに行っても同じだということ。また、そうそう目新しいことはあるものではないということ。さらに、人の本性は国によって変わるものではないということにもいう。ここの句には類句も多い。「どこの烏も黒い」「どこの鶏も裸足」「どこの国でも屁は臭い」「どこの烏も黒さは変わらぬ」等とある。鶏の鳴き声や烏の羽の色は、専門家には別かもしれぬが、素人目には同じに見え、同じ鳴き声に聞こえる。これらのものには相反するような句がある。「所変われば品変わる」といって、場所によって習慣や言葉などが違うとの意のものだ。現実には場所によって異なるものもあれば、同じものもあるのが事実。肝要なのは、物事は単線的な思考に陥らず、逆の視点を持ち、複合的に考える必要があるということだろう。

六、さまざまなことわざ

「月とスッポン」→200

青き眼鏡《めがね》をかければ物みな青し

【こんなときに】
・先入観や思い込み、偏見を指摘したいとき

【関連】色のことわざ
・柿が赤くなれば医者が青くなる
・柳は緑花は紅
・色の白いは七難隠す
・紫の朱を奪う

先入観や思い込みで判断したり、偏見をもったりすること。青色のレンズの眼鏡でものを見れば、どれもみなレンズの青色がかって見える。この語句は現代のことわざ辞典類にも見当たらない珍しいもの。昭和初期の辞典にはあったものだ。近年の言い方であれば、「色眼鏡でものを見る」に相当しよう。偏見や独断、思い入れや差別意識などさまざまな潜在意識が人間には存在する。しかも、厄介なことに、それをなかなか本人は自覚できない。環境にも影響されたり、成長していく過程で刷り込まれたりもするだろう。相手側からすれば、眼鏡のように顔にかけてあればすぐわかるのだが、どこにもその姿も形も見えない。一つ一つの場面での人々の表情、ことば、行動などから見分けなくてはならないのだから大変だ。

蒔絵《まきえ》の重箱《じゅうばこ》に牛の糞《くそ》盛る

【こんなときに】
・豪邸や高級外車、高級スーツなどにふさわしくない人を皮肉るとき

【関連】
・錦の袋に糞を包む
・牛頭を懸けて馬肉を売る
・人は見かけによらぬ

外観と中身がふさわしくないことのたとえ。蒔絵は日本が世界に誇れる最高峰の漆工芸。金銀など豪華で雅《みやび》な雰囲気を醸すことから、とりわけ上流階級で人気があった。そんな蒔絵をほどこした高級品の重箱に、汚いものの代表格的な存在である牛の糞を盛ってしまうというのが、このことわざなのだ。むろん、こんなことは現実にはありえない。蒔絵の重箱の中身は、容器の内側の漆黒に映える上に、彩り鮮やかに盛り付けられた和様がふさわしかろう。こんな美と醜（汚）をない交ぜにするような着想は、どうして生まれるのだろう。実は、似た着想のことわざが江戸時代初めからあった。金銀糸の華麗な織物である錦の袋に汚い糞をいれる「錦の袋に糞を包む」というもの。細かな違いはあるものの、着想が驚くほど似ている。

蛸《たこ》に骨なし海月《くらげ》に目なし

【こんなときに】
・あたりまえのことをもったいぶって演説する人にうんざりしたとき

【関連】
・雨の降る日は天気が悪い
・北に近けりゃ南に遠い
・親爺は俺より年が上
・犬が西向きゃ尾は東

説明するまでもないわかりきったことのたとえ。「海月は海老を目とする」とのことわざがある。意味は持ちつ持たれつの関係とか、他の力を借りてことをなす意。このことわざからわかることは、海月に目がなく海老の目を借りているということだ。一方、表題のことわざで述べているのは、軟体動物の蛸には当然のごとく骨はないということ。ここに類する日本のことわざは、ユーモラスでバラエティーに富んでいる。「雨の降る日は天気が悪い」は気象版、「北に近けりゃ南に遠い」は方角版、「親爺《おやじ》は俺より年が上」が人間版、「犬が西向きゃ尾は東」は犬版、「雉《きじ》の雌鳥《めんどり》や女鳥《おんなどり》」が雉版、他に「唐辛子は辛く砂糖は甘い」といった具合だ。こんな噴き出すようなことわざたちは、自明な事を滔々《とうとう》とのたまうような御仁《ごじん》をぎゃふんとさせる、面白い武器として使えるのだ。

韮《にら》ニンニク握り屁《へ》

【こんなときに】
・ひどい臭いにがまんならないとき

【関連】
・自分の糞は臭くない
・地震雷火事親父

世の中の臭いの強いものを並べあげたことば。三つの単語の頭字が「に」で共通し、音の響きをよくしていることわざ。ニラもニンニクも臭みが強く、特にニンニクは精をつける食材として知られる。にぎり屁は、肛門から体外へ放たれる屁を手の平で包みこむように握り、それを他人の鼻先で開いて臭気をかがせること。にぎり屁は他人の屁であることから臭いものになる。「自分の糞《くそ》は臭くない」「人の屁は臭いが我が糞は臭くない」とのことわざがあって、人のものは臭くて、自分のものは臭くないとしている。逆に、臭いほどよいとする「屁と納豆は臭いが重宝」なるものもある。たしかに誰の屁であれ臭いものもあれば臭くないものもある。このことわざは、単語を列挙する列挙法という表現技法。「地震雷火事親父」が有名だが、「韮ニンニク—」の方が頭韻を踏む分、技巧的に優るようだ。

ドジョウの尾に蛇が食いつく

【こんなときに】
・際限なく長い会議にうんざりしたとき
・長くてきりがないものを評するとき

【関連】
・牛の小便十八町
・天竺から褌《ふんどし》

ひじょうに長いことのたとえ。細長いドジョウの尾に、もっと長い蛇がかみついた状態を指すものだろう。蛇がドジョウを餌にするのかどうか知らないが、仮に餌になるとしても、尻尾をくわえて連なることはあるまい。蛇は餌となるものは一飲みにするはずで、ましてやそれがドジョウであれば、一瞬の出来事のはず。ということからの推測になるのだが、ドジョウと蛇が連なるというのは、人間の気まぐれな空想の産物のような気がしてならない。とはいえ、これがことわざであれば、そこに味わいが生まれることになる。なにせ、ことわざの表現は、奇想天外や奇妙奇天烈さは得意の得意とするところだからだ。この他の長いもののたとえには「牛の小便十八町」とある。なんと牛の小便が約二キロも続くというものだから、驚くというよりあきれる。

医者のいの字は命のいの字

【こんなときに】
・医者という職業の大切さを訴えたいとき

【関連】
・医者の不養生
・腹八分に医者いらず

医者は人の命に重要な関わりがあるということ。医者も命も「い」から始まる共通性があることからいう。現代のように専門化されていると直接命に関わらない医者も多いが、本来的には医者と命は直結していたはず。ことわざの内容もさることながら、ここは細かな表現に注目したい。「い」から始まる単語はたくさんあるので、多少、こじつけの感もしなくはないが、「い」の音が四回も繰り返されており、いたって語調がよい。口調や語調がよいということは、聞く者の耳に心地よく響く。耳に良く響くということは、ことわざとしては最も大事な要素。どんなに高尚で深みのあることばでも、聞く者の耳に届かなければ意味をなさない。その点、このことわざは、内容面はさることながら、内容をカバーする技巧に富み、工夫されている。

紅《こう》炉《ろ》上《じょう》一《いっ》点《てん》の雪

【こんなときに】
・煩悩に振り回されないよう自分を律したいとき

【関連】
・意馬心猿
・煩悩の犬は追えども去らず

煩悩《ぼんのう》などがすっかり消え去ることのたとえ。赤々と火がおこっている囲炉裏《いろり》の上に雪を少し置けば、たちまちにして溶けて、跡形もなく消えることにたとえたもの。人間は生きている限り、心の迷いや欲望の虜から逃れるために闘うような存在なのかもしれない。抑えがたい煩悩や情欲を馬と猿の動作に仮託した「意馬心猿《いばしんえん》」や、煩悩の抑えがたさをいう「煩悩の犬は追えども去らず」といった言い回しは永く常用されてきた。しかも、言葉だけでなく、どちらにもたくさんの絵画や立体作品が残されてきたものなのだ。日本の民衆画の代表的存在である大津絵の盲人図は、大津絵の中でも古くから描かれ続けた有名なもの。このような歴史は、いかに人間にとって煩悩がしつこい厄介ものであったかを、証明しているといっても過言ではないだろう。それに対してこのことわざは、ある意味では理想であり、また、ある種の対処法と読むことができるのかもしれない。熱く燃えるような情熱をもって対応することができれば、ぐじぐじした煩悩を消し去ることも可能になりそうに思うのだが…。

「意馬心猿」（土人形）

「煩悩の犬は追えども去らず」（大津絵）

金があれば馬鹿でも檀那《だんな》

【こんなときに】
・金持ちに皮肉を言いたいとき
・恵まれない境遇にある自分を自嘲するとき

【関連】
・地獄の沙汰も金次第
・金の切れ目が縁の切れ目

金の威力のすごさをいうことわざ。金さえあれば、本当は馬鹿者でも、世間では立派な人物のようにもてはやされるということ。よく似たことわざには、「金持ちは馬鹿でも利口に見える」というのもある。金に関することわざには、好意的なものと批判的な相反するものがたくさんある。金の力を評価することわざは世界中にある。英国では「金のカギは天国以外どんなカギも開ける」、イランでは「金を出せば王様の口ひげの上で太鼓が叩ける」、ルーマニアでは「金は死者をも生かす」、モロッコでは「金は海の上に道を造る」、インドのベンガル語では「金は鉄を水に浮かばせる」、インドネシアでは「銀の弾丸には要塞も無力」等々。表題のことわざも色々な場面で使用できよう。金持ちぶる輩《やから》に対してはもちろん、皮肉や批判として、また、金に苦労する人間には、ある種のうそぶきとして…。

話の名人は嘘《うそ》の名人

【こんなときに】
・人の話を聞くときの心構えとして

【関連】
・話上手は聞き上手

話がうまい人は嘘や誇張が多いので、注意して聞かねばならないということ。一般に、話がうまいというのは、話題が豊富、話がありきたりではないユニークさがある、共感や共鳴するものがある、ユーモアがあって聞いていて心楽しい。こんなところであろうか。反対に、話下手は、言っていることがよくわからない、話題が乏しく同じ話を繰り返す、同調するところがない、退屈する、こんなところであろうか。それと、極端に話すスピードが速すぎたり、遅すぎたりするのも聞きづらい。ところで、話の名人とは話の上手な人の極致だろうから、右に挙げた上手な人の要素は十分にそなえていると見るべきだろう。それがマイナス評価の嘘とされるというのは、うまくするための過剰な作為がわざわいしているのであろうか。

貰《もら》う物なら元日にお弔《とむら》い

【こんなときに】
・欲深い人を批判したいとき

【関連】
・親の背中でもただでは掻かぬ
・出すことは舌を出すのも嫌い

強欲きわまりないことのたとえ。人から貰うものであれば、元日に葬式を出してもよいということからいう。実際には、自分のところの葬式を他人にくれてやることはできないし、貰う人もいない。第一、うれしくて葬式を出す人はいないはずなので、それを他人にやるわけがないからだ。人間の煩悩なのであろうが、大なり小なり欲はだれにでもある。問題は、欲の質（内容）と表し方なのであろう。ものごとを積極的、前向きに推し進めてゆく意欲とか、深く掘り下げきわめていくといった質のものであれば歓迎されようが、物欲の亡者となればみなから敬遠される。以下、呆れるほどの欲張りの例を挙げてみる。「親の背中でもただでは掻《か》かぬ」「口に入る物なら按摩《あんま》の笛でも」「出すことは舌を出すのも嫌い」等々。いやはや、あきれたとしか言いようがない。

庄屋《しょうや》の奥さんも言うてみにゃ判らぬ

【こんなときに】
・なにごともチャレンジだ、と伝えたいとき
・告白できずにもじもじしている人に

【関連】誇張のことわざ
・悪事千里を走る
・海に千年、山に千年
・大海を手でふさぐ
・昨日の娘は今日の婆

なにごとにも積極的にトライしてみるものだということのたとえ。庄屋は村の長。そんな偉い人の奥さんでも、口説いてみれば案外なびいてくるかもしれないから、当たって砕けろの精神でとにかくやってみろ、と勧めるもの。一義的には色恋の世界のことにいうものだが、ここはもっと広く、地位や身分の違いは度外視して、物事に積極的に関わることを推奨することわざといえる。身分の上下などが厳しい社会での通念として、上位の者に関係をもつこと自体が容易なことではないはずだが、そこはことわざの得意技である誇張という技法の出番となる。「悪事千里を走る」とか「海に千年、山に千年」と、千里も千年も、ひと言で超越してしまうのがことわざだからだ。そうであれば、同じ村の長である庄屋の奥さんなど、ちょろい、ちょろい。

鼻糞《はなくそ》で行灯《あんどん》張る

【こんなときに】
・いい加減なその場しのぎの仕事を注意するとき

【関連】
・鼻糞で鯛を釣る
・鼻糞で丸薬作る
・目糞鼻糞を笑う
・重箱で味噌をする

いい加減なその場しのぎをすることのたとえ。江戸時代の行灯は照明具の一種で、中の光源の火が風で消えないようにするため、周りが和紙でおおわれていた。電気が普及してからは光源は電灯に替わった。このことわざの情況は、行灯の周りの紙が破れたので紙の張替えをした際に、糊を使わず代わりに自分の鼻糞を糊《のり》代わりにしたというもの。たしかに鼻糞も状態によっては粘り気もあるから、糊の代わりにならないことはない。とはいえ、一人分の鼻糞の量はほんのわずかなので、とうてい代わりにはならない。ことわざの特徴の一つに表現の奇抜さがある。鼻糞はその奇抜さを表現するため恰好の材料となる。「鼻糞で鯛《たい》を釣る」（エビタイの同類）とか、鼻糞を薬にする「鼻糞で丸薬作る」、さらには「鼻糞丸めて万金丹《まんきんたん》」と薬になった鼻糞があるから笑える。

井戸から火がでる

【こんなときに】
・ありえない出来事に直面したとき

【関連】
・瓢箪から駒がでる
・灰吹きから大蛇
・コンニャクで石垣を築く
・西から日が昇る

ありえないこと。また、稀有なことが起こることのたとえ。現実には、井戸の中に発火装置でも設けなければ井戸から火が出ることはありえまい。ところが、ことわざの世界になると、類似のことわざが次々現れてくる。両方の意味合いをもつものでは「瓢箪から駒がでる」「灰吹きから大蛇」「灰吹きから竜が上る」などが挙がる。灰吹きは、いまは消えてしまったが、キセルからタバコの灰を叩き落としていれる道具のひとつ。また、ありえない、不可能だけの意味合いのものでは、「コンニャクで石垣を築く」「顎で背中掻く」「西から日が昇る」とある。「井戸から――」に酷似する「水中に火を求む」というのもあり、バラエティーに富んでいる。かくも類句が豊富にあるということは、それだけことわざにマッチした現実が存在することを窺わせるのだ。

牛ほどな蚤《のみ》

【こんなときに】
・大げさな言い方をする人をたしなめるとき

【関連】
・針を棒にいう
・蚤の頭を斧で割る
・尾に鰭つける
・白髪三千丈

大げさで過剰な表現のたとえ。ノミの大きさが牛ほどのサイズだということからいう。誇張した言い回しはことわざが得意とする技のひとつ。いや、それ以上に、ことわざたらしめている特徴といえるものなのだ。誇張を意味することわざ自体は「針を棒にいう」「蚤の頭を斧で割る」「尾に鰭《ひれ》つける」等、大したことはないのだが、内容が甚だしい誇張になっていることわざには、いろいろある。「女の黒髪には大象《たいぞう》も繋がる」は、男を引きつける女の魅力を、一本の髪の毛に繋げられる象にたとえた強さをいうもの。また、「昨日の娘は今日の婆」は時間の経つことの速さであり、「座して食らえば山も空し」は、無為徒食すれば山まで食い尽くすという量のもの。「天竺から褌《ふんどし》」はインドから連なる長さをいうものだ。

憚《はばか》りながら葉ばかりだ

【こんなときに】
・目立った結果や成果がない仕事に対して苦言を述べたいとき

【関連】しゃれ言葉
・その手は桑名の焼き蛤
・恐れ入谷の鬼子母神
・貧乏稲荷で鳥居がない
（取り柄がない）

葉っぱばかりで花も実もないこと、実質のないことをいうしゃれ言葉。字義通りにいえば、恐れながら葉ばかりだね、といったところ。意味の違う二つの「はばかり」をつなげ、面白おかしく表現したもの。ことわざや衆知された俗語などを同音ないし似た音の別の語句をあてて全く異なる内容につくり上げるのが、地口《じぐち》という言葉遊びだ。一方、しゃれ言葉は、地口と同じように同音異義語を用いながらも、既存の作品は利用せず、新たに創り出された作品をいうもの。他に例を示せば、だんだん良くなる意の「だんだん良く鳴る法華の太鼓」は状態が良くなることと、太鼓がよく鳴るが掛けられている。「しょうが無ければ茗荷《みょうが》がある」は仕様がないと、生姜《しょうが》が無いを掛けるもの。江戸時代や明治時代に盛んであったこんな素敵なしゃれ言葉を、ぜひ、復活させたいものだ。

思案に如《し》くはなし坊主にカカアなし

【こんなときに】
・じっくり考えることが大切だと伝えたいとき

【関連】
・蟹《かに》は食うてもガニ食うな
・腹は立て損、喧嘩は仕損
・情けの酒より酒屋の酒

十分に考えることが大事だということ。額面上は妻帯が禁じられていた僧侶を「なし」の言葉に掛けて強調した言い回し。意味上は「坊主にカカアなし」は余分で不用。しかし、取ってしまい「思案に如くはなし」だけにすると、面白味もなければインパクトもなくなる。坊主があることによって思案が生きてくるのだ。さらに言えるのは、二つの句が繋がった上、抽象的な前の句に具体的な人目を惹く後の句が加わることで、ことわざの妙味が作り出されているからだ。こうした技法はことわざが最も得意とするところで、同音反復法とでも呼べるものだろう。この種のことわざには「蟹は食うてもガニ食うな」「腹は立て損、喧嘩は仕損《しぞん》」「情けの酒より酒屋の酒」など、リズミカルで耳への響きもよく、無理なく覚えられるものが多い。

梨《なし》の木の下の昼寝

【こんなときに】
・だじゃれを交えながら人を褒めるとき

【関連】
・なしのつぶて

梨の木の下で寝ることから、「この上は梨」、「この上なし」とのしゃれ言葉。「この上なし」とは最高との意なのだから、梨の木の下での昼寝が一番よい、ということになるが、はたして実際はどうだろうか。全くの想像になるが、それほど心地よいものとは思えない。どうしてかといえば、梨の実が熟してくると甘い香りに誘われてたくさんの虫たちが集まってくる。そんな、たくさんの虫が飛び回る木の下で寝ていれば、虫の羽音などのざわめきが耳に障って、心地よいものではあるまい。なかには耳の穴や鼻の穴に入るヤツもいるかもしれないのだ。ことによると、寝たまま手を伸ばせば美味しい梨の実がすぐに食べられるので「この上ない」という、夢物語の世界でのことなのだろうか。

清正《きよまさ》の雪隠《せっちん》でやりはなし

【こんなときに】
・後片付けをせず散らかしっぱなしの人を注意するとき

【関連】
・立つ鳥跡《あと》を濁《にご》さず

やればやりっぱなしで、後の始末はなんにも考えないことにいう。清正は安土桃山時代の武将で豊臣秀吉の臣下。槍《やり》で虎を退治したとのエピソードが有名。雪隠はトイレ。「やりはなし」は清正の持つはずの「槍が無い」に「やり放し」が掛けられているもの。清正がトイレに入るのだから長い槍は邪魔になる。なので槍はないとなり、それを「やりっぱなし」という語に掛けたしゃれ言葉なのだ。

後始末のできない人は少なくない。本人の性質やら環境やら、いろいろな要素はあるだろうが、これを直すことはたやすくないだろう。人の価値観も様々で散らかしがよくないと感じない人だっているからだ。そんな人にはこのことわざを進呈するのはどうだろうか。差し出がましさがなく、ちょっぴりユーモアがある。

転《ころ》べば糞《くそ》の上

【こんなときに】
・不運に不運が重なったときに

【関連】
・泣き面に蜂
・弱り目に祟り目
・痛む上に塩を塗る

不運や不幸は重なってくるとのたとえ。道端の石か何かにつまずいて転んだところ、そこは犬の糞の上であったというものだ。痛い目にあった上にきたない思いをして、何ともやり場のない情けない人の姿が目に浮かぶ。鮮明なイメージを伴うリアリティーのあることわざなのだ。とにかく、この類句はじつに豊富。「弱り目に祟《たた》り目」「痛む目に突き目」「痛む上に塩を塗る」「コブの上の腫れ物」「痩《や》せ子に蓮根《はすね》」などとある。蓮根は子供にできる皮膚病のできものの一種。いずれ劣らぬ酷さがあるものの、他人からの目を意識した情けなさの強さでは、糞バージョンがピカ一であるだろう。犬の糞は、江戸時代には「伊《い》勢屋《せやいなり》稲荷に犬の糞」といわれるくらいで、江戸の町にはあちこちにあったのだから、転んだら糞の上ということは空想ではない。

鍋《なべ》とスッポン

【こんなときに】
・似ていてもまったく異なることを評するとき

【関連】
・月とスッポン
・提灯に釣り鐘

わずかな類似点はあるものの、はなはだしい違いがあることのたとえ。鍋の蓋もスッポンの甲羅も円い形であることからいう。江戸初期の俳諧で用いられている。現代は「月とスッポン」というが、これも江戸時代は「お月さまと鼈《すっぽん》」とか「鼈とお月さま」といった言い回しの方が主流であった。同義で言い回しの違うものがいくつかあるが、最も古いのが「鍋とスッポン」。「月とスッポン」は幕末に見られ始めるものの、広まるのはしんがり。なお、「鍋と―」が使われた例は極めて少なく、当時にあっても珍しいものであったようだ。その後は「お月さまと鼈」が幅を利かせるようになり、現代の「月とスッポン」が最後に登場する歩みであった。ひとつのことわざでも、時代や地域の違いなどによって言い回しが微妙に変わったり、なかにはそっくり入れ換わったりすることがある。

さくいん

＊太字は見出し語

【か】

【さ】

[著者紹介]

時田昌瑞（ときた　まさみず）

1945年生まれ。ことわざ・いろはカルタ研究家。日本ことわざ文化学会会長。著書に『岩波ことわざ辞典』（岩波書店）『岩波いろはカルタ辞典』（岩波書店）『図説ことわざ事典』（東京書籍）『ちびまる子ちゃんの続ことわざ教室』（集英社）『辞書から消えたことわざ』（角川SSC新書）など多数。ことわざやいろはカルタの作品収集にも携わる。明治大学図書館・博物館に「時田昌瑞ことわざコレクション」がある。

思《おも》わず使《つか》ってみたくなる知《し》られざることわざ

NDC388／207p／19cm

初版第1刷——2016年9月10日

著者————時田昌瑞《ときたまさみず》
発行者————鈴木一行
発行所————株式会社 大修館書店
〒113-8541 東京都文京区湯島2-1-1
電話 03-3868-2651（販売部） 03-3868-2291（編集部）
振替 00190-7-40504
[出版情報] http://www.taishukan.co.jp

装丁者————園木彩
図版提供———時田昌瑞
印刷所————精興社
製本所————ブロケード

ISBN978-4-469-21355-3 Printed in Japan